essentials

Essentials liefern aktuelles Wissen in konzentrierter Form. Die Essenz dessen, worauf es als „State-of-the-Art" in der gegenwärtigen Fachdiskussion oder in der Praxis ankommt. Essentials informieren schnell, unkompliziert und verständlich.

- als Einführung in ein aktuelles Thema aus Ihrem Fachgebiet
- als Einstieg in ein für Sie noch unbekanntes Themenfeld
- als Einblick, um zum Thema mitreden zu können.

Die Bücher in elektronischer und gedruckter Form bringen das Expertenwissen von Springer-Fachautoren kompakt zur Darstellung. Sie sind besonders für die Nutzung als eBook auf Tablet-PCs, eBook-Readern und Smartphones geeignet.

Essentials: Wissensbausteine aus Wirtschaft und Gesellschaft, Medizin, Psychologie und Gesundheitsberufen, Technik und Naturwissenschaften. Von renommierten Autoren der Verlagsmarken Springer Gabler, Springer VS, Springer Medizin, Springer Spektrum, Springer Vieweg und Springer Psychologie.

Oliver D. Doleski

Integriertes Geschäftsmodell

Anwendung des St. Galler
Management-Konzepts im
Geschäftsmodellkontext

Springer Gabler

Oliver D. Doleski
Ottobrunn
Deutschland

ISSN 2197-6708   ISSN 2197-6716 (electronic)
ISBN 978-3-658-07093-9   ISBN 978-3-658-07094-6 (eBook)
DOI 10.1007/978-3-658-07094-6

Die Deutsche Nationalbibliothek verzeichnet diese Publikation in der Deutschen Nationalbiblio-
grafie; detaillierte bibliografische Daten sind im Internet über http://dnb.d-nb.de abrufbar.

Springer Gabler ist eine Marke von Springer DE. Springer DE ist Teil der Fachverlagsgruppe
Springer Science+Business Media
www.springer-gabler.de

Was Sie in diesem Essential finden können

- Vorstellung konzeptioneller Grundlagen der Geschäftsmodelldiskussion
- Einführung eines ganzheitlichen Geschäftsmodellansatzes
- Darstellung konstituierender Komponenten des Integrierten Geschäftsmodells
- Hilfestellung bei der Geschäftsmodellentwicklung

Vorwort

Dieser Beitrag basiert auf einem Kapitel des Buchs „Smart Market – Vom Smart Grid zum intelligenten Energiemarkt" von Christian Aichele und Oliver D. Doleski, das 2014 im Verlag Springer Vieweg erschienen ist. In diesem Werk beleuchten vor dem Hintergrund der Energiewendediskussion die Herausgeber gemeinsam mit 33 weiteren Autoren in insgesamt 30 Kapiteln die wesentlichen Handlungsfelder der Energiewirtschaft von morgen. Dabei werden dem Leser unter anderem konkrete Geschäftsmodelle des geänderten Marktumfelds angeboten. Erstmals im deutschen Markt wird damit das hochaktuelle Zukunftsthema intelligenter Energiemärkte umfassend erörtert.

Bei dem vorliegenden Text handelt es sich um die überarbeitete und aktualisierte Version des Kapitels „Entwicklung neuer Geschäftsmodelle für die Energiewirtschaft – das Integrierte Geschäftsmodell" von Oliver D. Doleski. Für die Veröffentlichung in der Reihe Springer Essentials wurde die energiewirtschaftliche Konnotation des ursprünglichen Textes vollständig zugunsten einer branchenübergreifenden Ausrichtung aufgegeben. Neben dieser Erweiterung der Anwendung des vorgeschlagenen Geschäftsmodellansatzes auf alle Branchen bzw. Industrien wurden die fünf Einzelphasen der Geschäftsmodellentwicklung modifiziert und erweitert.

Ottobrunn im August 2014   Oliver D. Doleski

Inhaltsverzeichnis

Über den Autor

Oliver D. Doleski ist branchenübergreifend agierender Unternehmensberater in den Bereichen Unternehmensführung und Prozessmanagement. Nach verschiedenen leitenden Funktionen im öffentlichen Dienst sowie beim deutschen Weltmarktführer der Halbleiterindustrie widmet er sich derzeit in der Energiewirtschaft intensiv dem Thema Smart Market. In diesem Zusammenhang liegt sein Forschungsschwerpunkt im Bereich der Geschäftsmodellentwicklung.

Im politischen Umfeld gestaltet Herr Doleski als Mitglied zweier energiewirtschaftlicher Fachkommissionen auf Bundes- und Landesebene den Wandel der Energiewirtschaft aktiv mit. Seine in der Unternehmenspraxis, Politik und Forschung gewonnene Expertise lässt er als Herausgeber und Autor in zahlreiche Publikationen und Fachbücher (unter anderem Smart Meter Rollout, 2013; Smart Market, 2014) einfließen.

Einleitung 1

Unternehmen sehen sich seit jeher Veränderungsprozessen gegenübergestellt. So löste die Erfindung des Drucks mit beweglichen Lettern das mittelalterliche „Geschäftsmodell" der zumeist klösterlichen Skriptorien binnen weniger Jahrzehnte nahezu vollständig ab. Veränderung ist somit kein neuzeitliches Phänomen. Neu sind allerdings Anzahl und Dynamik relevanter Einflussfaktoren, die unternehmerisches Handeln heutzutage determinieren. Die fortschreitende Globalisierung, die Zunahme der Wettbewerbsintensität, die anhaltende Tendenz zur Verkürzung der Innovationszyklen sowie eine vielfach wachsende Erwartungshaltung auf Seiten der Stakeholder repräsentieren einige dieser Parameter, die den wirtschaftlichen Erfolg der handelnden Akteure nachdrücklich beeinflussen.

Veränderungen und ihre zunehmende Dynamik sind mehr denn je der bestimmende Faktor für Managemententscheidungen. Die aus dieser Dynamik resultierende Komplexität avanciert zum wesentlichen Charakteristikum heutiger Märkte. Traditionelle Methoden und Geschäftsmodelle liefern in diesem schwierigen Umfeld mitunter suboptimale Ergebnisse.

Aus den skizzierten Rahmenbedingungen leitet sich der Handlungsdruck für heutige Unternehmen unmittelbar ab. Flexibilität und Innovationsfähigkeit sowie die Fähigkeit, sich umfassend auf politisch-rechtliche, ökonomische, soziokulturelle, technologische sowie ökologische Herausforderungen mittels adäquater Lösungen einzustellen, haben einen erheblichen Bedeutungszuwachs erfahren.

Neue Modellansätze zur Geschäftsentwicklung sind gefragt. Zur Komplexitätsbeherrschung bedarf es einer ganzheitlichen umfassenden Integration der vielfäl-

© Springer Fachmedien Wiesbaden 2014
O. D. Doleski, *Integriertes Geschäftsmodell*, essentials,
DOI 10.1007/978-3-658-07094-6_1

tigen Facetten und Anforderungen des normativen, strategischen und operativen Managements. Als konzeptioneller Bezugsrahmen bietet sich das anwendungs-orientierte St. Galler Management-Konzept an. Es repräsentiert gewissermaßen die DNS des Integrierten Geschäftsmodells, welches in diesem Text entworfen und detailliert wird.

Konzeptionelle Grundlagen und Verständnis von Geschäftsmodellen

2

Der folgende kurze Abschnitt legt die konzeptionellen Grundlagen des gesamten Beitrags fest. So soll über die Schaffung eines einheitlichen Bezugsrahmens zunächst ein gemeinsames Grundverständnis des allgemeinen Geschäftsmodellbegriffs entstehen. Abschließend wird dem Leser in Abschn. 2.2 eine ganzheitlich orientierte Geschäftsmodelldefinition vorgestellt.

2.1 Annäherung an den Geschäftsmodellbegriff

Der Begriff *Geschäftsmodell* bzw. seine englische Entsprechung *Business Model* stammt ursprünglich aus dem Umfeld der Informations- und Kommunikationstechnologie (IKT). Dort fand dieser Terminus zunächst Anwendung bei der „Abbildung von Unternehmensprozessen, die bei Einführung datenverarbeitender Systeme dokumentiert"[1] wurden. In der Literatur wird das Aufkommen des Geschäftsmodellbegriffs häufig mit der sogenannten *New Economy* der Jahre 1998 bis etwa 2001 in Verbindung gebracht. Jedoch ist der Begriff tatsächlich älter und fand bereits vor dem Beginn der Internetökonomie in der Wirtschafts- und vor allem Informationstechnikliteratur erste Beachtung und Anwendung. „Surprisingly, the query shows that the popularity of the term 'business model' is a relatively young phenomenon. Though it appeared for the first time in an academic article in 1957 [Bellman, Clark et al. 1957] and in the title and abstract of a paper in 1960 [Jones 1960] [...]."[2]

---

[1] Kley (2011), S. 1.

[2] Osterwalder et al. (2005), S. 6.

© Springer Fachmedien Wiesbaden 2014
O. D. Doleski, *Integriertes Geschäftsmodell*, essentials,
DOI 10.1007/978-3-658-07094-6_2

3

Demnach ist der Ursprung des Geschäftsmodellbegriffs nicht in der New Economy, sondern vielmehr in der Phase der beginnenden Popularität der *Wirtschafts-
informatik* sowie den Architekturen von Informationssystemen der 70er und 80er
Jahre des letzten Jahrhunderts zu verorten. Unabhängig von dieser Relativierung
liegt der „Verdienst" der New Economy jedoch zweifelsohne in der erfolgreich
vollzogenen Überführung der ursprünglich primär auf die Informations- und Kom-
munikationsindustrie (IuK) fokussierten Schwerpunktsetzung jener Pionierjahre in
den breiten betriebswirtschaftlichen Kontext.[3] In diesem Zusammenhang kritisiert
jedoch insbesondere Porter die Ende der 90er Jahre praktizierte enge Verknüpfung des Geschäftsmodellkonzepts mit der New Economy. Seiner Auffassung nach
muss der Geschäftsmodellansatz weg von der Internetökonomie in Richtung der
Gesamtwirtschaft ausgeweitet werden und vor allem die beiden fundamentalen Aspekte Strategie und Wertkette als relevante Größen der Unternehmensführung berücksichtigen[4] – ein Gedanke, der im folgenden Kap. 3 im Zuge der Herleitung und
Begründung eines neuen Geschäftsmodellansatzes nochmals aufgegriffen wird.

Inzwischen hat das noch um die Jahrtausendwende bestimmende enge Ge-
schäftsmodellverständnis, als Konzepte zur Gestaltung von Informationssystemen,
diese ursprünglich IuK-nahe Konnotation weitgehend verloren.[5] Trotz eines signifikanten Bedeutungswandels ging die Entwicklung jedoch bis dato noch nicht so
weit, dass bei kritischer Betrachtung der einschlägigen Fachliteratur ein einheitliches Begriffsverständnis konstatiert werden könnte. So herrschen im Schrifttum
bislang zahlreiche uneinheitliche Auffassungen in Bezug auf den Begriffsinhalt
als solchen. Darüber hinaus gestaltet sich das landläufige Verständnis der konstituierenden Bausteine von Geschäftsmodellen ebenso vielfältig und mitunter sogar
widersprüchlich. Diese dem Geschäftsmodellbegriff nach wie vor inhärente Facet-
tenvielfalt hat die betriebswirtschaftliche Diskussion bis heute bestimmt und eine
einheitliche Definition mit universalem Charakter bisher verhindert.

2.2 Definition Geschäftsmodell

Das Konzept Geschäftsmodell lässt sich anschaulich mittels der etymologischen
Herleitung der beiden konstituierenden Wortbestandteile „Modell" und „Geschäft"
darlegen. Die hier präferierte Einzelbetrachtung beider Begriffskomponenten

---

[3] Vgl. Becker et al. (2011), S. 12.
[4] Vgl. Scheer et al. (2003), S.14.
[5] Vgl. Stähler (2002), S. 39.

bietet sich an, da so ein besseres Verständnis von Inhalt und Wesen des Geschäftsmodellkonzepts geschaffen werden kann.

Unter einem *Modell*[6] wird im Allgemeinen eine vereinfachte Abbildung eines definierten Ausschnitts der realen Welt bzw. Realität verstanden. Dabei konzentriert sich ein Modell stets „[…] auf ausgewählte – im Hinblick auf die Fragestellung relevante – Aspekte der Realität. Es ermöglicht einen Überblick und somit die Annäherung an die Lösung des – der Modellierung zugrunde liegenden – Problems"[7], wodurch es sich besonders zur Darstellung sowie Strukturierung komplexer ökonomischer Zusammenhänge eignet. Modelle können einerseits dazu dienen, reale Dinge aller Art zu vergrößern, zu verkleinern oder zumeist vereinfacht in ihrer tatsächlichen Größe darzustellen. Andererseits können Modelle – wie unter anderem im Bereich der Volks- und Wirtschaftswissenschaften üblich – auch vollständig gedanklich-abstrakter Natur sein. Besonders erwähnenswert ist hier die bedeutende Fähigkeit von Modellen zur Reduktion von Komplexität, die in Abschn. 3.1 dieses Beitrags eingehend diskutiert wird.

Auf Geschäftsmodelle übertragen dient demnach der Modellaspekt einer abstrakten Darstellung, wie das wirtschaftliche Handeln einer Organisation in der Realität abläuft. Offen ist jedoch an dieser Stelle, was eigentlich konkret unter *Geschäft* zu verstehen ist. „Der Brockhaus Wirtschaft (2004) versteht unter Geschäft eine ‚auf Gewinn abzielende, kaufmännische Beschäftigung oder Unternehmung‘. Als weitere Synonyme werden kaufmännische Transaktionen und der Abschluss einer mit Geld verbundenen Tätigkeit genannt. Im alltäglichen Sprachgebrauch werden unter dem Begriff sowohl der entgeltliche Austausch von Gütern und Leistungen zwischen Geschäftspartnern als auch die auf Gewinn abzielende Tätigkeit von Unternehmen subsumiert."[8] Diese Gedanken weiterführend werden unter dem „Geschäft" einer erwerbswirtschaftlichen Organisation die strukturierte Transformation von Inputfaktoren in Produkte und Dienstleistungen sowie die Pflege von Interaktionen zur relevanten Umwelt subsumiert.

Fügen wir nunmehr die getätigten Feststellungen in Bezug auf die beiden Begriffskomponenten Geschäft und Modell zusammen, so gelingt bereits eine erste Annäherung an Inhalt und Wesen des Geschäftsmodellkonzepts. Ein Geschäftsmodell ist demzufolge eine vereinfachte, modellhafte Beschreibung des grundlegenden Prinzips, wie ein ökonomisches System Werte mittels Ressourcentransforma-

---

[6] Das Wort *Modell* leitet sich ursprünglich vom lateinischen Wort „modulus" für Maß bzw. Maßstab her. Die heutige Verwendung geht auf das italienische Wort „modello" (Muster, Entwurf) zurück.

[7] Becker et al. (2012), S. 13.

[8] Nemeth (2011), S. 89.

tion und unter Einsatz besonderer Austauschbeziehungen mit anderen Wirtschafts-subjekten schafft. Folglich konkretisiert ein Geschäftsmodell eine ganzheitliche Prinzipskizze aller wertschöpfenden Tätigkeiten und Abläufe eines Unternehmens, durch die Mehrwert für dessen Kunden erzeugt wird und langfristig Erlöse erzielt werden. Mit anderen Worten präzisiert demnach ein Geschäftsmodell die ihm zu-grunde liegende Geschäftsidee.

Es wurde bereits darauf hingewiesen, dass bislang in der Literatur zahlreiche, mitunter höchst unterschiedliche Definitionen von Geschäftsmodellen existieren. „Der Begriff des Geschäftsmodells wurde mehrfach definiert und es herrscht bis heute kein einheitliches Bild über eine genaue Definition. Aufgrund des zweifel-los umfangreichen Betrachtungsgegenstands definieren Autoren vielfach das Ge-schäftsmodell nach einem bestimmten Anwendungsfokus."[9] Angesichts umfang-reicher Untersuchungen des Geschäftsmodellbegriffs im Schrifttum wird an dieser Stelle von einer Explikation der verschiedenen Geschäftsmodelldefinitionen ab-gesehen.[10]

In Ermangelung einer allgemeingültigen Begriffsbestimmung wird nachste-hend eine ganzheitlich orientierte, alle Verantwortungsbereiche des Managements berücksichtigende Definition des Terminus Geschäftsmodell vorgeschlagen. Dabei wird in Anlehnung an Stähler zwischen einem noch nicht umgesetzten Geschäfts-modell, welches fortan als *Geschäftskonzept* bezeichnet wird, und einem in der Praxis bereits existierenden Geschäftsmodell unterschieden.[11] Diese Unterschei-dung erfolgt allerdings nur in den Passagen dieses Beitrags, in denen eine bewuss-te Differenzierung in Konzept und Modell aus methodischen Erwägungen heraus angezeigt ist. In allen übrigen Fällen werden beide Begriffe aus Vereinfachungs-gründen synonym verwendet.

▶ Ein **Geschäftsmodell** stellt ein angewandtes Geschäftskonzept dar, welches der Beschreibung, Analyse und Entwicklung der Grundlogik unternehmerischer Leistungserstellung dient. Es legt vereinfacht die wertschöpfenden Abläufe, Funk-tionen und Interaktionen zum Zwecke der kundenseitigen Nutzenstiftung, Siche-rung des Wettbewerbsvorteils und erwerbswirtschaftlichen Erlösgenerierung dar. Als ganzheitliches, aggregiertes Abbild der Realität erlaubt ein Geschäftsmodell die zur Komplexitätsbeherrschung erforderliche Integration politisch-rechtlicher,

---

[9] Weiner et al. (2010), S. 16.
[10] Umfangreiche Übersichten alternativer Definitionen finden sich unter anderem bei Bornemann (2010), S. 29 ff.; Scheer et al. (2003), S. 7 ff.; Stähler (2002), S. 40 f.; Wirtz (2011), S. 66 ff.
[11] Vgl. Stähler (2002), S. 42.

ökonomischer, soziokultureller, technologischer sowie ökologischer Rahmenbedingungen in eine transparente Architektur. Neben normativen und strategischen Einflussparametern werden umfassend operative und dynamische Aspekte im Modell berücksichtigt. Die Ganzheitlichkeit und lückenlose Berücksichtigung erfolgskritischer Facetten wird im integrierten Geschäftsmodellansatz mittels strukturierter, überschneidungsfreier Modellkomponenten sichergestellt.

Die hiermit vorgeschlagene Geschäftsmodelldefinition lässt erahnen, dass dem Integrationsaspekt unterschiedlicher Facetten bei der Leistungserstellung eine besondere Bedeutung zufällt. Daher wird dieser Gedanke im folgenden Kap. 3 aufgegriffen und detailliert.

Integriertes Geschäftsmodell – ein anwendungsorientierter Geschäftsmodellansatz

3

Ein bestimmender Faktor der Welt des 21. Jahrhunderts ist zweifelsohne in einer deutlichen Zunahme der Komplexität zu sehen. Diese allgemeine Feststellung gilt für alle Branchen bzw. Industrien gleichermaßen. Daher wird im einführenden Abschn. 3.1 der Komplexitätsaspekt aufgegriffen und festgestellt, dass sich etablierte Geschäftsmodellkonzepte zwar prinzipiell zur Komplexitätsreduzierung eignen, jedoch im Kontext der bekanntermaßen schwieriger werdenden Rahmenbedingungen bisweilen zu kurz greifen. Folgt man dieser Sichtweise, so bedarf es eines erweiterten, ganzheitlichen Konzepts zur Gestaltung unternehmerischer Leistungserstellung. Als geeigneter Ansatz zur Beherrschung von Komplexität im unternehmerischen Kontext wird vom Autor sodann die Integrationsidee vorgeschlagen. Bevor jedoch die Idee des Integrierten Geschäftsmodells eingeführt und im Detail vorgestellt wird, erfolgt in Abschn. 3.2 zunächst dessen theoretische Fundierung. Nachdem mit dem St. Galler Management-Konzept die konzeptionelle Basis für den neuen Geschäftsmodellansatz geschaffen wurde, wird in Abschn. 3.3 schließlich der neue integrierte Modellansatz entworfen. In den folgenden beiden Abschnitten werden die Charakteristika und Komponenten des Integrierten Geschäftsmodells konkretisiert. Sollen Geschäftsmodelle nachhaltig erfolgreich sein, so dürfen sie nicht isoliert von ihrem jeweiligen Umfeld gestaltet und betrieben werden. Daher spezifiziert Abschn. 3.4 eine Methode zur Festlegung des relevanten Gestaltungs- oder Entscheidungsraums eines Geschäftsmodells. Im abschließenden Abschn. 3.5 werden schließlich die zehn Kernelemente des Integrierten Geschäftsmodells im Detail erörtert.

© Springer Fachmedien Wiesbaden 2014
O. D. Doleski, *Integriertes Geschäftsmodell*, essentials,
DOI 10.1007/978-3-658-07094-6_3

3.1 Geschäftsmodell als Instrument zur Komplexitätsbewältigung

Das Phänomen steigender Komplexität in annähernd allen Bereichen des Wirtschaftslebens ist Folge vielfältiger, divergierender Einflüsse und Umweltfaktoren. Unübersichtlichkeit, Vielfalt und Dynamik sind nur einige der in diesem Zusammenhang mittlerweile gängigen Umfeldattribute. Komplexität fungiert in diesem Kontext gewissermaßen als der bestimmende, allgegenwärtige Dreh- und Angelpunkt, an dem sich das wirtschaftliche Handeln aller betroffenen Akteure auszurichten hat. Kein Marktteilnehmer kann die Existenz komplexer Rahmenbedingungen in seinem wirtschaftlichen Betätigungsbereich ignorieren, ohne über kurz oder lang dafür zur Rechenschaft gezogen zu werden. Anders ausgedrückt unterscheiden sich erfolgreiche von weniger erfolgreichen Unternehmen durch ihre Fähigkeit zur Komplexitätsbewältigung bzw. -beherrschung.

Geschäftsmodelle als geeignetes Mittel
Damit sich die Wertschöpfung in Zukunft nicht zur *Komplexitätsfalle* für Unternehmen auswächst, sind innovative Lösungen und Methoden zur *Komplexitätsbewältigung* mehr denn je gefragt. Einen probaten Ansatz beim Umgang mit Komplexität stellt die Abstraktion und Strukturierung komplexer Zusammenhänge dar. „Im Bereich der Sozial- und Wirtschaftswissenschaften liegt der Sinn und Zweck von Modellen in erster Linie in der Vereinfachung komplexer Zusammenhänge, indem sie eine Komplexitätsreduktion vornehmen, um die objektive Welt abzubilden. Modelle sollen dabei helfen, mit Komplexität umzugehen und sie bewältigen zu können. Vereinfacht ausgedrückt ist ein Geschäftsmodell daher ebenfalls ein Instrument zur Komplexitätsbewältigung."[1] Demnach eröffnet die zuvor in Abschn. 2.2 dieses Beitrags diskutierte Fähigkeit von Geschäftsmodellen zur modellhaften Beschreibung der Geschäftstätigkeit Entscheidern in Unternehmen die Chance, sich zum einen in einem komplexen Geschäftsumfeld zurechtzufinden und zum anderen tragfähige Entscheidungen auf Basis der gewonnenen Übersicht zu treffen und umzusetzen. Insbesondere die den Modellen inhärente Fähigkeit, Realphänomene in vereinfachte, strukturgleiche Abbilder eines Wirklichkeitsausschnitts überführen zu können, unterstreicht die Praxistauglichkeit von Geschäftsmodellen in Bezug auf das Ziel der Komplexitätsbewältigung.

Grenzen klassischer Geschäftsmodelle
Angesichts der enorm anwachsenden Komplexität und Dynamik heutiger Geschäftsumfelder bedarf es leistungsfähiger Instrumente, die alle relevanten Einzel-

---

[1] Nemeth (2011), S. 80.

aspekte in ausgewogener Form berücksichtigen und in eine ganzheitliche Lösung zu überführen vermögen. Traditionelle Geschäftsmodellansätze haben ihre Tauglichkeit in den unterschiedlichen Anwendungsfällen unter Beweis gestellt. Jedoch greifen sie gerade im Hinblick auf die gebotene Integration bzw. Berücksichtigung der Vielzahl unterschiedlicher, nicht selten unsteter und komplexer Rahmenbedingungen mitunter zu kurz. Klassische Geschäftsmodelle fokussieren sich zumeist auf einzelne Fragestellungen sowie im günstigsten Falle eine Reduzierung von Komplexität, sodass die zur weitreichenden Komplexitätsbeherrschung erforderliche Integration komplexer Rahmenbedingungen und Umwelten nicht angemessen in diese Modellansätze erfolgt. Es „[…] fehlt oftmals die gesamtheitliche Betrachtung aller relevanten Einflussfaktoren, so dass nur punktuell Zukunftsthemen in strategischen Prozessen berücksichtigt werden."[2] Daher folgt der Versuch des Autors, im weiteren Verlauf ein umfassendes, branchenunabhängiges Referenzmodell herauszuarbeiten.

Die Leitidee der Integration

Zur Beherrschung von Komplexität bedarf es einer greifbaren Leitidee, einer Vorstellung, die eine kontextspezifische Ausprägung und Gestaltung eines Modells der Geschäftstätigkeit ermöglicht. Als diese Grundidee wird hier das Konzept „*Integration*" mit dem ihr innewohnenden Streben nach Ganzheitlichkeit, Vernetzung und Interdisziplinarität vorgeschlagen.

Die herausfordernden Rahmenbedingungen und Komplexitätsfaktoren der Energiewirtschaft verlangen nach Gestaltungsansätzen, die die Geschäftsaktivitäten umfassend abbilden und dabei flexibel auf die Umwelt und auf Änderungen reagieren können. Hierzu müssen Geschäftsmodelle so konstruiert sein, dass sie alle relevanten Einzelaspekte ausgewogen in eine Gesamtlösung integrieren können. Exemplarisch seien hier die Einbeziehung und Verzahnung der Artefakte Strategie, Produkt, Markt, Prozesse und Kultur in ein Geschäftsmodell angeführt. Allerdings hängt die Qualität und Markttauglichkeit dieser Modelle nicht allein davon ab, ob alle Einflussfaktoren ausreichend berücksichtigt wurden. Vielmehr umfasst Integration nach hiesigem Verständnis überdies die Fähigkeit, Erkenntnisse und Einflüsse aus Entscheidungstheorie, Betriebs- und Volkswirtschaftslehre, Ingenieurwissenschaften, Psychologie und weiteren Disziplinen in ein übergreifendes Gesamtmodell wirksam aufzunehmen.

Der Vorteil des nunmehr postulierten Integrationsgedankens als konstitutive Leitidee bei der Entwicklung von Geschäftsmodellen liegt darin, dass mit diesem ganzheitlichen, interdisziplinären Ansatz ein einheitlicher, branchenübergreifender Rahmen für die Ausgestaltung tragfähiger Geschäftsmodelle geschaffen wurde.

---

[2] Hahn und Prinz (2013), S. 47.

3.2 Das Konzept „Integriertes Management" als konzeptionelle Basis

Es wurde gezeigt, dass die überwiegende Mehrheit aller Wirtschaftssektoren von Komplexität durchdrungen ist, die es zu beherrschen gilt. In Fragen der Konzeption und Entwicklung von Ansätzen, wie eine Organisation Mehrwert schafft und Erlöse erzielt, haben sich Geschäftsmodelle als ein geeignetes Mittel zur Komplexitätsreduzierung bzw. -bewältigung erwiesen. Jedoch greifen klassische Modelle gerade in schwierigen Umfeldern, wie erwähnt, oftmals zu kurz, sodass es ganzheitlich integrierter Lösungen bedarf.

Bevor im folgenden Abschn. 3.3 die Idee des Integrierten Geschäftsmodells im Detail vorgestellt wird, erfolgt an dieser Stelle zunächst dessen theoretische Fundierung. Als konzeptionelle Basis bietet sich dabei das *St. Galler Management-Konzept* von Bleicher an. Es „[...] baut auf dem Systemansatz auf, wie er von Hans Ulrich und seinen Schülern an der Universität St. Gallen entwickelt wurde."[3] Herausragendes Merkmal des Konzepts von Bleicher ist die Fähigkeit, vielfältige Einflüsse aus allen Managementbereichen ganzheitlich zu betrachten und umfassend zu berücksichtigen. Als anwendungsorientierte Theorie liefert dieses Konzept ein praktikables Denkmuster für den Umgang mit komplexen Rahmenbedingungen und Geschäftsumfeldern. Komplexität wird in diesem Modell demzufolge nicht einfach ignoriert oder bis zu ihrer völligen Nivellierung der vereinfachenden Ceteris-paribus-Klausel ausgesetzt, sondern vielmehr in beherrschbare Einzelaspekte überführt.

Die Nützlichkeit des hier vorgeschlagenen Bezugsrahmens St. Galler Management-Konzept liegt vor allem darin begründet, dass es für das Management als dienliche Landkarte zur Orientierung in Fragen der Unternehmensführung nutzbar ist. Als ganzheitlich orientierter Bezugsrahmen zeichnet es sich dadurch aus, dass es Unternehmen in ihrer Systemeigenschaft nicht isoliert, sondern in Verbindung mit relevanten Rahmenbedingungen betrachtet. Auch hebt sich der Ansatz von Bleicher von streng linearen Denkmustern in Ursache-Wirkungs-Ketten dergestalt ab, dass die in der betrieblichen Realität anzutreffenden Interdependenzen und Verknüpfungen zwischen Komponenten mittels Regelkreisen dynamisch integrierbar sind.[4]

Drei Dimensionen der Unternehmensführung
Die Verantwortungsbereiche des Managements lassen sich allgemein in *drei Dimensionen* klassifizieren. Dieses dreistufige Konzept unterscheidet zwischen einer

---

[3] Bleicher (2011), S. 85.
[4] Vgl. Bleicher (2011), S. 67.

normativen, strategischen und operativen Betrachtungsebene und wurde „[…] von der Sankt Galler Managementschule im Konzept Integriertes Management wesentlich ausdifferenziert."[5] Diese logisch-hierarchische Trennung sollte allerdings nicht zu der irrigen Annahme verleiten, dass die drei Dimensionen in der Praxis streng voneinander abgegrenzt existieren. Ganz im Sinne des postulierten integrierten Gesamtverständnisses von Management besteht in der ökonomischen Realität eine Vielzahl von Beziehungen und Wechselwirkungen zwischen den drei genannten Bereichen. So wird mittels der erweiternden Integration aller drei Dimensionen der Unternehmensführung die Zielsetzung der Eingliederung in ein größeres, stimmiges Gesamtkonzept realisiert.

Das *normative Management* befasst sich mit den generellen Unternehmenszielen und legt die konstitutiven Werte, Prinzipien, Normen und Spielregeln fest, die einer Organisation Identität verleihen und den Gestaltungsrahmen unternehmerischen Handelns vorgeben. Dabei wirkt die normative Dimension stets *begründend* für alle Handlungen des Unternehmens. Zentraler Inhalt des normativen Managements ist demnach die Ausrichtung des Verhaltens der Organisation und deren Mitglieder mit dem Ziel der Sicherstellung von Legitimität des Handelns gegenüber externen wie internen Anspruchsgruppen.

Das *strategische Management* leitet sich aus den Zielen und Vorgaben des normativen Managements ab. Während der normative Verantwortungsbereich des Managements Aktivitäten begründet, wirkt das strategische Management *ausrichtend* auf diese Aktivitäten ein. Auf der strategischen Ebene „[…] stehen neben zu verfolgenden Programmen, welche die Missionen richtungsmäßig weiter konkretisieren, die grundlegende Auslegung von Organisationsstrukturen und Managementsystemen, sowie des kulturell vorgeprägten Problemlösungsverhaltens ihrer Träger"[6] im Mittelpunkt.

Die praktische Umsetzung der normativen und strategischen Vorgaben obliegt dem *operativen Management*. Es wirkt als dritte Dimension des Integrierten Managementkonzepts *vollziehend*, indem es die Vorgaben der beiden vorgenannten Ebenen in Operationen umsetzt. Somit stellt das operative Management die laufenden Aktivitäten in Organisationen sicher.

---

[5] Bergmann und Bungert (2011), S. 25.
[6] Bleicher (2003), S. 162.

3.3 iOcTen: Beschreibung des Integrierten Geschäftsmodells

In Abschn. 3.1 wurde bereits ausgeführt, dass in komplexen Geschäftsumfeldern traditionelle Geschäftsmodellansätze bisweilen suboptimale Ergebnisse liefern. Daher wird nachfolgend ein Modellansatz vorgestellt, der die zur Komplexitätsbeherrschung erforderliche Integration relevanter ökonomischer Facetten und sonstiger Einflussparameter angemessen ermöglicht: das „Integrierte Geschäftsmodell iOcTen". Dazu wurde als konzeptioneller Bezugsrahmen wie erwähnt das St. Galler Management-Konzept gewählt.

Die zentrale Stärke des *Integrierten Geschäftsmodells* liegt in der transparenten Architektur des Modells selbst begründet. Es ist grundsätzlich integrativ und offen konstruiert. So engt es den Anwender nicht von vornherein auf bestimmte Geschäfte, Ausschnitte der Wertschöpfungskette usw. ein. Als universeller Modellansatz integriert es umfassend die Anforderungen des normativen, strategischen und operativen Managements, indem es jeder dieser drei Dimensionen der Unternehmensführung explizit Modellkomponenten eigens zuweist.

Anforderungen an das Integrierte Geschäftsmodell
Ein erfolgreiches Geschäftsmodell muss die gesamte Organisation im Zusammenwirken mit ihrer Umwelt berücksichtigen. Einzig durch die Integration aller relevanten Einflussfaktoren und Restriktionen können Geschäftsmodelle so gestaltet werden, dass ihre Abläufe und die aus ihnen hervorgehenden Angebote einem Markttest auch in komplexen Umfeldern standhalten können. Darüber hinaus muss das Modell allgemein anwendbar und gleichzeitig so konstruiert sein, dass es von Managern, Business Developern und Organisationsentwicklern intuitiv eingesetzt werden kann. Nicht zuletzt dank der Anlehnung an das systemtheoretisch fundierte sowie strukturell ganzheitlich ausgerichtete St. Galler Management-Konzept genügt das Konzept des Integrierten Geschäftsmodells diesen Anforderungen an ein Geschäftsmodell.

Die fünf Komponenten des Integrierten Geschäftsmodells
Insgesamt fünf strukturverleihende *Komponenten* machen in der Summe das Integrierte Geschäftsmodell aus. Dabei handelt es sich um die Modellbausteine Idee, Entscheidungsraum, Modellkern, Entwicklungspfad und Erfolg. Die Abb. 3.1 illustriert zum besseren Verständnis den Aufbau des iOcTen schematisch.

Abb. 3.1 Integriertes Geschäftsmodell iOcTen (schematisch)

Idee
Am Anfang der Entwicklung neuer Geschäftskonzepte und der Weiterentwicklung bestehender Geschäftsmodelle steht eine *Idee*. Dabei handelt es sich im Idealfall bereits um eine erste – mehr als nur diffuse – Vorstellung davon, auf welchen Märkten welchem Kunden die potenziellen Produkte oder Dienstleistungen angeboten werden sollen.

Umfeld und Entscheidungsraum
Geschäftliche Aktivitäten werden maßgeblich von ihrem *Umfeld* beeinflusst. Dabei fungieren Umweltfaktoren, Rahmenbedingungen, Anforderungen relevanter Anspruchsgruppen (Stakeholder) usw. ähnlich einem „Gestaltungsraum". Dieser spannt ein Set möglicher Handlungsoptionen auf, die einem Unternehmen prinzipiell offenstehen und innerhalb dessen das Management agieren kann. Insbesondere diese Integration vielfältiger Umwelteinflüsse und Erwartungen relevanter Stakeholder verleiht dem integrierten Modellansatz insgesamt seinen offenen und kommunikationsorientierten Grundcharakter.

Modellkern

Die eigentliche Beschreibung der Geschäftstätigkeit einer Unternehmung erfolgt im Integrierten Geschäftsmodell mittels zehn konstituierender Elemente, die systematisch die Art und Weise der Wertschöpfung und Erlösgenerierung aufzeigen. Diese zehn Modellobjekte stellen die generischen Basisbausteine eines Geschäftsmodells dar, die prinzipiell in allen Modellen unabhängig von Branche und Aufgabenstellung anzutreffen sind. Alles in allem formen diese zehn Elemente den *Kern* des Integrierten Geschäftsmodells.

Alle Elemente des Modellkerns bilden zusammen die normative, strategische und operative Dimension des Managements vollständig ab. Damit ist der Bezug des Geschäftsmodellkerns zum St. Galler Management-Konzept hergestellt. Das erste Element *Normativer Rahmen* repräsentiert die normative, die beiden Elemente *Nutzen* und *Strategie* jeweils die strategische Dimension eines Geschäftsmodells. Die Elemente *Kunde, Markt, Erlös, Befähiger, Prozesse, Partner* und *Finanzen* werden im Integrierten Geschäftsmodell der operativen Betrachtungsebene zugeordnet.

Die zehn Elemente lassen sich im integrierten Modellansatz nicht allein anhand der drei diskutierten Dimensionen der Unternehmensführung strukturieren. So können aus der Geschäftsmodelldefinition von Stähler mehrere Leitfragen zu insgesamt drei Themenclustern herausdestilliert werden, die als zusätzliches strukturstiftendes Ordnungsmerkmal an dieser Stelle vorgeschlagen werden:

- **Wertangebotsebene (Nutzenversprechen)**
  Was bietet das Unternehmen seinen Kunden und Partnern an? *Welchen* Nutzen stiftet es?
- **Erlösquellenebene (Erlösgenerierung)**
  Wer fragt Leistungen aus welchen Gründen nach? *Wodurch* wird nachhaltiger Ertrag erzielt?
- **Wertschöpfungsebene (Wertschöpfung)**
  Wie erfolgt die Leistungserbringung?[7]

Vergleichbar mit der Zuordnung zu den Verantwortungsbereichen des Managements werden die Elemente *Normativer Rahmen, Nutzen* und *Strategie* der Frage nach dem *Was* zugeordnet. Die Elemente *Kunde, Markt* und *Erlös* werden unter dem *Wer* bzw. *Wodurch*, die Elemente *Befähiger, Prozesse, Partner* und *Finanzen* unter dem *Wie* subsumiert. Die genannten Ordnungskriterien ergeben schließlich eine zweidimensionale Matrix. Die Zusammenhänge illustrieren Tab. 3.1 und Abb. 3.2 zur besseren Übersicht und Orientierung.

---

[7] In Anlehnung an Stähler (2002), S. 41 f.

Tab. 3.1 Dimensionen, Ebenen und Elemente des Integrierten Geschäftsmodells iOcTen (Übersicht)

	Normative Dimension (begründend)	Strategische Dimension (ausrichtend)	Operative Dimension (ausführend)
Wertangebotsebene (Was? Welchen?)	[1] Normativer Rahmen	[2] Nutzen [3] Strategie	
Erlösquellenebene (Wodurch? Wer?)			[4] Kunde [5] Markt [6] Erlös
Wertschöpfungs-ebene (Wie?)			[7] Befähiger [8] Prozesse [9] Partner [10] Finanzen

Der Kern des Integrierten Geschäftsmodells wird grafisch als ein regelmäßiges Achteck oder Oktagon (Octagon) bestehend aus einem Rahmen, einem Mittelbereich sowie einem Zentralelement skizziert. Aus der Wahl der Darstellung leitet sich die Benennung *iOcTen* für das Geschäftsmodell her. Im vorgeschlagenen integrierten (i) Modell gruppieren sich in Form des erwähnten Achtecks oder Octagons (**Oc**) acht der zehn (**Ten**) Kernelemente um den im Zentrum positionierten *Nutzen* und um das einrahmende Element *Normativer Rahmen*. Obgleich die Bezeichnung iOcTen streng genommen nur den achteckigen Modellkern beschreibt, wird dieser Name im weiteren Verlauf dennoch synonym für das gesamte Integrierte Geschäftsmodell verwendet.

Eine Sonderstellung im Modellkern des iOcTen nimmt das Element *Normativer Rahmen* ein. Es umrahmt die übrigen neun Kernelemente. Mittels dieses Modellobjekts fließen die vielfältigen Einflussparameter der vorgeschalteten Komponente *Entscheidungsraum* in den Modellkern ein. Damit übernimmt das Element *Normativer Rahmen* gleichsam eine Vermittler- und Filterrolle zwischen dem externen Organisationsumfeld auf der einen und den internen Aspekten auf der anderen Seite.

Im Mittelpunkt des achteckigen Modellkerns des iOcTen ist das *Nutzenelement* platziert. Dies geschieht nicht zufällig. Vielmehr ist diese Positionierung der herausragenden Bedeutung des Wertversprechens bzw. der *Value Proposition* als zentralem Bestandteil eines jeden Geschäftsmodells geschuldet. Auch beeinflusst die Nutzenkomponente mit ihren Querbezügen – ähnlich dem *Normativen Rahmen* – die übrigen Elemente des Modellkerns, sodass auch hier die mittige Positionierung der im besonderen Maße interdependenten Beziehung zu den übrigen Elementen entspricht. Die mittige Anordnung soll demnach insgesamt der hohen Bedeutung des Wertversprechens für den wirtschaftlichen Erfolg besonderen Ausdruck verleihen. In der empfohlenen Hervorhebung des Nutzens manifestiert sich ein

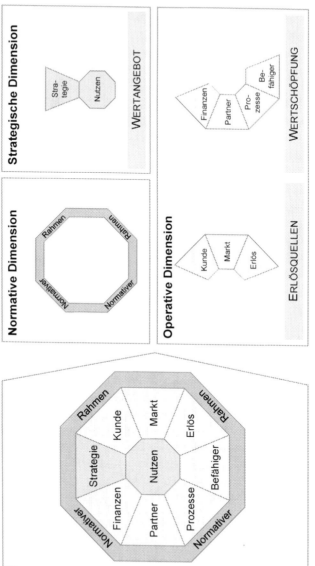

Abb. 3.2 Dimensionen und thematische Ebenen des Modellkerns

wesentlicher Unterschied zur bekannten Business Model Canvas von Osterwalder und Pigneur. So bilden in der Business Model Canvas die Kunden das Zentrum jedes Geschäftsmodells.[8] Demgegenüber steht im Mittelpunkt des iOcTen stets der Nutzen, den Kunden und Partner aus der Geschäftstätigkeit des Unternehmens für sich ableiten können.

Entwicklungspfad
Die Modellierung und strukturierte Weiterentwicklung von Geschäftsmodellen ist ein wesentliches Tätigkeitsfeld unternehmerischen Handelns. Folgerichtig konzentriert sich das Integrierte Geschäftsmodell iOcTen nicht ausschließlich auf die umfassende Integration der skizzierten zehn Einzelaspekte in das Gesamtmodell. Ergänzt werden diese Kernelemente durch die gleichrangige Integration eines *Entwicklungspfads* als dynamischen Faktor des Modells. In Kap. 4 wird dieser aus den drei Stadien *Konzeptentwicklung*, *Implementierung* und *Weiterentwicklung* bestehende *Entwicklungspfad* detailliert beschrieben.

Erfolg
Schließlich repräsentiert der *Erfolg* als letztes der insgesamt fünf Komponenten des iOcTen das Resultat der geschäftlichen Tätigkeit. Insofern handelt es sich hierbei um die Outputgröße des Geschäftsmodells bzw. der Geschäftstätigkeit.

3.4 Umfeld als Basis wirtschaftlichen Handelns – Aufspannen des Entscheidungsraums

Bevor aus einer Idee ein konkretes Geschäftsmodell erwächst, ist zunächst mittels Kenntnis relevanter Umfeldparameter und Rahmenbedingungen der prinzipiell denkbare gestalterische Rahmen für ein geschäftliches Vorhaben abzustecken. Da sich unternehmerische Tätigkeit in der Praxis nicht losgelöst von der maßgeblichen Umfeldstruktur entwickeln kann, sollte bereits im Vorfeld von Initiativen zur inhaltlichen Ausgestaltung eines Geschäftsmodells ein besonderes Augenmerk auf die Analyse der essentiellen Bedingungen des Umfelds gelegt werden. Porter bekräftigt diesen Zusammenhang zwischen Geschäftsmodell einerseits und relevantem Branchenumfeld andererseits wie folgt: „[...] no business model can be evaluated independently of industry structure."[9] Für den Erfolg oder Misserfolg von Geschäftsmodellen ist demnach die Art und Weise der Interaktion zwischen der

---

[8] Vgl. Osterwalder und Pigneur (2011), S. 24.

[9] Porter (2001), S. 73.

Organisation und ihrem Umfeld von großer Bedeutung. Als „[...] ein offenes System, welches mit seiner Umwelt in vielfältigen Beziehungen interagiert"[10] kann
ein Unternehmen nur dann existieren, wenn es die Umfeldbedingungen sowohl
bei der Gestaltung als auch während des Betriebs des Geschäftsmodells adäquat
berücksichtigt.

Das Umfeld beeinflusst signifikant die Gestaltung von Geschäftsmodellen. In
diesem Kontext erscheint jedoch die Frage interessant, ob das gegebene Umfeld
als absolut fix anzunehmen ist oder ob es durch Handlungen einzelner Unternehmen bis zu einem gewissen Grad mitgestaltet werden kann. Folgt man an dieser
Stelle einer streng *deterministischen Sichtweise*, so müssten alle Umfeldparameter
aus Unternehmenssicht als gegeben und demzufolge nicht beeinflussbar akzeptiert
werden. Dieser Sichtweise eines absolut eingeschränkten Spielraums für Organisationen wird hier jedoch nicht gefolgt. Zahlreiche Beispiele innovativer Geschäftsmodelle der vergangenen Jahre belegen, dass Umfeldbedingungen das Verhalten
von Wirtschaftssubjekten nicht absolut determinieren.[11] So ist es agilen Unternehmen „[...] durch ihre Strategie möglich, bestimmte Umfeldbedingungen zu ver-
ändern und sich innerhalb des Umfelds zu positionieren [...]"[12]. Diese nunmehr
vollzogene Relativierung einer streng deterministischen Auffassung wirkt sich auf
die Gestaltung von Geschäftsmodellen dahingehend vorteilhaft aus, dass bei der
Konzeption und Weiterentwicklung von Geschäftsmodellen die Chance besteht,
mögliche oder auch nur in den Köpfen der Entscheider existierende Denkverbote
auflösen sowie umfeldbedingte Hürden absenken zu können. In der Konsequenz
können so gänzlich neue Geschäftsmodelle entworfen werden.

Entscheidungsraum als Kontext für die Geschäftsmodellentwicklung
Das unternehmerische Umfeld mit seinen vielfältigen Umweltzuständen und Rahmenbedingungen bestimmt als externer Aspekt in Kombination mit den internen
Unternehmenszielen des Managements sowie dem organisationsindividuellen Set
kritischer Erfolgsfaktoren gewissermaßen den *Gestaltungsbereich*, in dem ein Geschäftsmodell konzipiert oder verbessert werden kann. In der Entscheidungstheorie klassisch als Entscheidungsfeld bezeichnet, wird aus Gründen der besseren Vor-
stellbarkeit des Bildes eines aufgespannten Raums möglicher Handlungsoptionen
dieser Terminus adaptiert als *Entscheidungsraum* in das iOcTen eingeführt. Dabei
konkretisiert der Entscheidungsraum die potenziellen Handlungsalternativen bzw.
-optionen eines Geschäftsmodells.

---

[10] Bergmann und Bungert (2011), S. 26.
[11] Vgl. Bornemann (2010), S. 50 f.
[12] Bornemann (2010), S. 53.

Der Entscheidungsraum besteht aus je einem von Entscheidungsträgern direkt beeinflussbaren Aktionsraum und einem nicht beeinflussbaren Zustandsraum. Als der beeinflussbare Teil des Entscheidungsraums repräsentiert der *Aktionsraum* die Gesamtheit aller prinzipiell möglichen Handlungsalternativen, aus denen nach Abgleich mit dem jeweiligen Zielsystem der Organisation das Management die Alternativenkombination, die den maximalen Nutzen verspricht, auswählt. Im Gegensatz dazu umfasst der nicht beeinflussbare *Zustandsraum* alle relevanten Umfeldparameter bzw. Umweltzustände, die sich einer direkten Einflussnahme seitens des Unternehmens entziehen. Die Parameter des Zustandsraums stellen für Entscheidungsträger folgerichtig fixe Daten bzw. Zustände dar. Daher rührt die Bezeichnung Zustandsraum.

Den Gedanken zur deterministischen Sichtweise des unternehmerischen Umfelds nochmals aufgreifend sei an dieser Stelle angemerkt, dass insbesondere Inhalte des Zustandsraums die Kreativität bei der Entwicklung und Gestaltung von Geschäftsmodellen keineswegs einschränken oder das Ergebnis absolut vorbestimmen dürfen. Das Umfeld sollte jedoch die Gestaltungsentscheidungen inhaltlich moderieren und infolgedessen kompetente Entscheidungen ermöglichen. Mit einer richtungsweisenden oder gar revolutionären Idee kann das Management eines Unternehmens schließlich sogar Einfluss auf das externe Umfeld nehmen, indem es durch sein neues, innovatives Geschäftsmodell zum Gestalter avanciert und somit neue Standards setzt.[13] Dies ist ein beachtenswerter Zusammenhang, der die zuvor betriebene vorsichtige Distanzierung von der starr deterministischen Sichtweise des unternehmerischen Umfelds untermauert.

Handlungsempfehlungen ableiten: Aufspannen des Entscheidungsraums
Zusammengefasst dient der Entscheidungsraum im Integrierten Geschäftsmodell iOcTen dem Management als Grundriss, Leitplanke und Optionenraum, innerhalb dessen die denkbaren Handlungsalternativen unter Abgleich mit den Zielen, deren Erreichungsgrad und Erfolgsfaktoren herausdestilliert werden. Diese Handlungsempfehlungen fließen über die normativ ausgerichtete Kernkomponente *Normativer Rahmen* in den Geschäftsmodellkern ein.

Nachfolgend wird ein Vorgehen zur Diskussion gestellt, welches sich sowohl im Falle der Konzeption gänzlich neuer Geschäftskonzepte als auch bei der evolutorischen Entwicklung bereits vorhandener Geschäftsmodelle anbietet. Bei der Ableitung grundlegender Handlungsoptionen für Geschäftsmodelle ist ein mehrstufiger Prozess zu durchlaufen, den Abb. 3.3 veranschaulicht und der schematisiert wie folgt gestaltet ist:

---

[13] Vgl. Osterwalder und Pigneur (2011), S. 204.

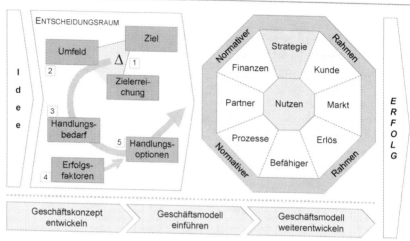

Abb. 3.3 Integriertes Geschäftsmodell iOcTen (mit Detailsicht Entscheidungsraum)

Schritt 1: Abgleich von Ziel und Zielerreichung. Zu Beginn stellt das Management zunächst fest, wo die Organisation tatsächlich steht. Dies geschieht mittels der Diagnose des Deltas zwischen den Unternehmenszielen einerseits und der bislang festzustellenden Zielerreichung andererseits.

Schritt 2: Umfeld eruieren. Nachdem sich Entscheider über den Status der Zielerreichung ihres Unternehmens im Klaren sind, muss Gewissheit bezüglich des relevanten Geschäftsmodellumfelds erlangt werden. Bedeutsame Umfeldbereiche sind Politik und Recht, Gesellschaft inklusive relevanter Anspruchsgruppen (Stakeholder), Makroökonomie, Markt, Technologie, Ökologie, Ressourcen sowie Trends. Im Zuge der Betrachtung des Entscheidungsraums kann sich das Management dabei zunächst auf eine reine Vorsondierung der genannten Umfeldaspekte beschränken. Erst wenn die aus dem Entscheidungsraum abgeleiteten Handlungsoptionen klar auf eine potenzielle Umsetzbarkeit einer Geschäftsidee schließen lassen, erfolgt im Nachgang die detaillierte Analysearbeit mittels der zehn Kernelemente des Integrierten Geschäftsmodells iOcTen.

Schritt 3: Handlungsbedarf ableiten. Im Anschluss an die Umfeldanalyse erfolgt die Ableitung des qualitativen und quantitativen Handlungsbedarfs. Mittels des Analysedreiecks werden Ziel, Zielerreichung und Umfeld zueinander in Relation gesetzt. Dazu wird der festgestellte Status der Zielerreichung mit den relevanten Umfeldfaktoren abgeglichen. Ergebnis dieses Abgleichs ist eine Vorstellung davon, welche Maßnahmen bzw. Handlungen zur Erreichung der mit dem Geschäftsmodell verbundenen Ziele unter Berücksichtigung der Umfeldbedingungen erforderlich sind.

Schritt 4: Erfolgsfaktoren eruieren und auf Relevanz prüfen. Um aus der Kenntnis des Handlungsbedarfs schließlich konkrete Handlungsoptionen ableiten zu können, sind zunächst die Ermittlung der kritischen Erfolgsfaktoren und die Prüfung ihrer Relevanz für das Geschäftsmodell erforderlich. Erfolgsfaktoren repräsentieren Aspekte im betrieblichen Kontext, die einen wesentlichen Anteil am Erfolg einer Organisation oder eines Geschäftsmodells haben.

Schritt 5: Handlungsoptionen ableiten. Erfolgsfaktoren verhalten sich insofern komplementär zu den zuvor eruierten Handlungsbedarfen, als sich aus der Bezugsetzung von Handlungsbedarf und Erfolgsfaktoren letztendlich die Handlungsoptionen des Managements ableiten lassen. Aus der Kombination der Fragestellung, was zur Erreichung der Zielsetzung zu tun ist (Handlungsbedarf), mit der zweiten Frage, welche konkreten Mittel und Ressourcen für den Erfolg eines Geschäftsmodells ein Unternehmen einsetzen kann (Erfolgsfaktoren), leiten sich die Optionen für das wirtschaftliche Handeln ab (Handlungsoptionen).

Schritt 6: Handlungsempfehlung formulieren. Aus den zuvor abgeleiteten Handlungsoptionen wird eine abschließende Empfehlung erarbeitet. Diese Handlungsempfehlung gelangt gewissermaßen über das Element *Normativer Rahmen* in den Geschäftsmodellkern. Sollte sich herausstellen, dass die Ursprungsidee für ein Geschäftsmodell den Anforderungen des Entscheidungsraums nicht genügt, so erfolgt zu diesem Zeitpunkt der Geschäftsmodellentwicklung bereits der Abbruch oder eine vollständige Überarbeitung. Der bis dato angestrebte Geschäftsmodellansatz würde in der Konsequenz aufgegeben.

3.5 Elemente des Integrierten Geschäftsmodells

Während in Abschn. 3.3 die generelle Vorstellung des Integrierten Geschäftsmodells iOcTen erfolgte, fokussiert das nachfolgende Kapitel auf den Inhalt und Beitrag der zehn konstituierenden Elemente der Komponente *Modellkern*. In diesem Teil soll mittels einer Beschreibung und Analyse der einzelnen Kernelemente des Integrierten Geschäftsmodells ein gemeinsames Verständnis der inneren Struktur und Funktionsweise des iOcTen geschaffen werden.

Zur besseren Übersicht und Orientierung dient Tab. 3.2, die nochmals die explizite Zuordnung der zehn Elemente des Geschäftsmodellkerns zur normativen, strategischen oder operativen Sphäre des Managements aufgreift. Überdies wird in der tabellarischen Darstellung eine Auswahl im Schrifttum bisweilen verwendeter Synonyme aufgeführt und werden exemplarische Handlungsfelder der betrieblichen Praxis den Kernelementen zugeordnet.

Tab. 3.2 Zuordnung von Inhalten und Synonymen zu den Kernelementen des Integrierten Geschäftsmodells iOcTen (Auswahl). (Quelle: Eigene Recherchen)

Elemente	Ausrichtung	Synonyme (Literatur)	Inhalte (Auswahl)
[1] Normativer Rahmen	Normativ	Normen	Unternehmensphilosophie
			Unternehmensziele/-zweck
			Unternehmensverfassung
			Unternehmenspolitik
			Unternehmenskultur
[2] Nutzen	Strategisch	Value Proposition	Kundenbedürfnisse
		Nutzendimension	Leistung
		Nutzenversprechen	Nutzen
[3] Strategie	Strategisch	Strategiemodell	Strategische Ziele und Scope
		Strategiebereich	Führung
			Problemlösungsverhalten
			Organisationsstrukturen
[4] Kunde	Operativ	Kundendimension	Kundensegment
		Kundenmodell	Kundenkanal
		Kundenkonzept	Kundenbeziehung
		Kundenbereich	Kundenkommunikation (Value Communication)
[5] Markt	Operativ	Marktangebotsmodell	Marktstruktur
			Marktsegmentierung
			Wettbewerber
[6] Erlös	Operativ	Value Capture	Erlösstrategien
		Umsatz	Preispolitik
		Erlösmodell	Preisstrategie
		Ertragsmodell	Preisgestaltung (Pricing)
[7] Befähiger	Operativ	Ressourcen	Personal
		Ressourcenmodell	Wissen/Know-how
		Enabler	Fähigkeiten
			Immaterielle Ressourcen
			Materielle Ressourcen
[8] Prozesse	Operativ	Value Creation	Wertschöpfung
		Wertschöpfungskonzept	Wertkette (Value Chain)
			Wertkettenkonfiguration
[9] Partner	Operativ	Value Constellation	Partner
		Netzwerk	Partnerkanal
		Netzwerkmodell	Partnerbeziehungen
			Leistungsaustausch (Value Transfer)

Tab. 3.2 (Fortsetzung)

Elemente	Ausrichtung	Synonyme (Literatur)	Inhalte (Auswahl)
[10] Finanzen	Operativ	Finanzmodell Kapitalmodell Kosten	Finanzierung Finanzierungsquellen/-formen Kostenstruktur Wertverteilung (Value Dissemination)

Normativer Rahmen

Das erste der zehn Kernelemente ist der *Normative Rahmen*. Er repräsentiert die *normative Dimension* des Geschäftsmodells. Im Wesentlichen deckt dieses Modellobjekt zwei Funktionen im iOcTen ab: Zum einen nimmt das Geschäftsmodell über diese Komponente die Erkenntnisse des Entscheidungsraums und infolgedessen die Einflüsse des unternehmerischen Umfelds auf und transportiert diese in den Modellkern. Zum anderen legt die Organisation hier die grundlegenden Rahmenparameter sowie die generellen, langfristigen Ziele des Geschäftsmodells fest.

Im iOcTen umgibt das normative die übrigen neun Elemente des Modellkerns. Es wirkt entsprechend seiner normativen Natur auf alle Elemente gleichermaßen ein, indem es die vielfältigen Einflussparameter der vorgeschalteten Komponente Entscheidungsraum in den Kern überführt. Diese systematische Berücksichtigung normativer Umfeldbedingungen dient einerseits der Integration essentieller externer Rahmendaten und Restriktionen in das Geschäftsmodell und infolgedessen der Sicherung von Stabilität und Überlebensfähigkeit des Modells an sich. Andererseits wird mit Hilfe der frühzeitigen Beschäftigung mit den bestimmenden Umfeldbedingungen in Bezug auf potenzielle Produkte oder Dienstleistungen bezweckt, dass die virulente Gefahr von Fehlentscheidungen und -planungen auf ein Minimum reduziert wird. Sollten sich demzufolge die ursprünglich hinter einem Geschäftsmodell stehende Idee und deren Umsetzung bereits aus umfeldinduzierten Erwägungen heraus als nicht oder nur deutlich eingeschränkt realisierbar erweisen, so besteht mittels des iOcTen-Elements *Normativer Rahmen* die Chance, bereits sehr früh die Entwicklung irrealer, nicht marktkonformer Ansätze stoppen zu können. So wird dem Risiko einer überbordenden Entstehung nicht-wertschöpfender Kosten bei der Geschäftsmodellentwicklung modellseitig vorgebeugt.

Im Kontext der Weiterentwicklung von Geschäftsmodellen liegt ein weiterer Schwerpunkt des Kernelements *Normativer Rahmen* in der Festlegung aller mit dem Geschäftsmodell verfolgten Ziele sowie der umfassenden Integration unternehmerischer Rahmenparameter in das Modell, die auf die nachhaltige Sicherung der Lebens- und Entwicklungsfähigkeit der Unternehmung ausgerichtet sind. Insbesondere aus der Notwendigkeit, die Lebensfähigkeit eines Unternehmens über die Gewährleistung der Identität des Geschäftsmodells in Bezug auf das gesellschaftliche und ökonomische Umfeld sicherzustellen, folgt das Streben nach konsequenter Entwicklung wettbewerbsgerichteter Fähigkeiten, die ihrerseits die Voraussetzungen für eine positive Unternehmungsentwicklung in der Zeit schaffen.[14]

In dieser zentralen Vermittler- und Filterrolle zwischen dem externen Organisationsumfeld auf der einen und der internen Unternehmenswelt auf der anderen Seite determiniert der Normative Rahmen sowohl die Inhalte als auch die konkrete Ausgestaltung konstitutiver Aspekte des Geschäftsmodells wie z. B. generelle Ziele, Normen, Prinzipien, Ideale, Spielregeln, Werte, Unternehmensethik, Unternehmenskultur, Unternehmensverfassung, Unternehmenspolitik, Unternehmenszweck, rechtliche Aspekte usw.

Nutzen

Betrachtet man die branchenunabhängigen Markttrends der vergangenen Jahre, so lautet eine einfache Erkenntnis, dass sich in zukünftigen Märkten Produkte und Dienstleistungen vornehmlich nur dann durchsetzen dürften, wenn diese auf wirtschaftlich stabilen Geschäftsmodellen beruhen und gleichzeitig zur Wirtschaftlichkeit ihrer Nutzer einen wesentlichen Beitrag leisten.[15] Mit anderen Worten können sich Unternehmen in aller Regel nur dann mit ihren Geschäftsmodellen behaupten, wenn sie mit ihren Produkten und Kundenlösungen *Nutzen* zu marktkonformen Konditionen stiften. „Im permanenten Wettbewerb haben somit nur diejenigen Unternehmungen Erfolg, denen es immer wieder von neuem gelingt, Nutzen stiftende Aufgaben zu entdecken und diese im Vergleich zu Konkurrenzunternehmungen besser, d. h. mit einer überlegenen Nutzenstiftung für die verschiedenen Anspruchsgruppen (Effektivitätsvorteil) und kostengünstiger (Effizienzvorteil), zu erfüllen."[16]

Angesichts der herausragenden Bedeutung der Nutzenstiftung für das wirtschaftliche Überleben von Unternehmen und deren Geschäftsmodellen repräsentiert das Nutzenelement gemeinsam mit dem Element *Strategie* die *strategische Dimension* des iOcTen. Diese Zuordnung des Nutzens zur strategischen Ebene innerhalb des Geschäftsmodells verwundert kaum, vergegenwärtigt man sich den Umstand, dass sich Kunden nur dann für ein Produkt oder eine Dienstleistung interessieren, wenn diese aus ihrer Sicht wertschöpfend sind. Überdies fungiert der Nutzen zusätzlich

---

[14] Vgl. Bleicher (2003), S. 161.
[15] Vgl. Bühner et al. (2012), S. 5.
[16] Rüegg-Stürm (2004), S. 69.

als wesentliches Differenzierungskriterium zum Wettbewerb. „Jedes Geschäftsmodell sollte somit eine Beschreibung des Produkts oder der Dienstleistung be-
inhalten, in welcher der jeweilige Wert für den Kunden aufgeschlüsselt wird."[17]
Demnach fällt dem Nutzenversprechen bzw. der Value Proposition im iOcTen eine
zentrale Rolle zu, die im Modell durch die mittige Positionierung des Elements
Nutzen innerhalb des achteckigen Modellkerns auch grafisch unterstrichen wird.
Ähnlich dem Element *Normativer Rahmen* beeinflusst auch der Nutzenaspekt die
übrigen Elemente des Modellkerns.

Damit Geschäftsmodelle Nutzen stiften, sind ihre Produkte und Dienstleistungen jeweils so zu entwerfen bzw. weiterzuentwickeln, dass sie den Anforderungen
von Kunden und Geschäftspartnern bestmöglich entsprechen. Dazu bedarf es weit-
reichender Entscheidungen seitens des Managements darüber, welche Bedürfnisse
und Anforderungen durch die Etablierung eines Geschäftsmodells konkret erfüllt
werden sollen. Hierzu kann sich das Management verschiedener Nutzenkategorien
zur situationsabhängigen Präzision bedienen. Dazu zählen nach Osterwalder und
Pigneur beispielsweise Kategorien wie Arbeitserleichterung, Design, Marke und
Status, Preis, Kostenreduktion, Risikominimierung, Verfügbarkeit sowie Bequem-
lichkeit.[18] Neben diesen hier exemplarisch genannten Faktoren sind darüber hinaus
noch weitere Nutzenaspekte für das Integrierte Geschäftsmodell von Interesse. Es
handelt sich dabei gewissermaßen um die „weichen" Nutzengesichtspunkte, die
von den jeweils betroffenen Rezipienten subjektiv als mehr oder weniger reale
Vorteile wahrgenommen werden.

Nachdem die Frage, welche Bedürfnisse und Anforderungen vom jeweiligen
Geschäftsmodell konkret bedient werden sollen, umfassend beantwortet wurde,
existiert beim Management eine belastbare Vorstellung darüber, welches Leis-
tungsangebot – also welche Produkte oder Dienstleistungen – in welcher Konfigu-
ration in welchem Kundensegment zur Nutzenstiftung platziert werden soll bzw.
weiterhin platziert wird.

Strategie
Strategische Ziele, Scope, Führung, Problemlösungsverhalten sowie Organi-
sationsgestaltung usw. bilden das Modellelement *Strategie* des Integrierten Geschäftsmodells iOcTen aus. Mittels einer detaillierten Betrachtung dieser Ausprägungen sollen die Voraussetzungen dafür geschaffen werden, dass die im Modellobjekt *Normativer Rahmen* zuvor formulierten normativen Anforderungen an
das Geschäftsmodell in der Praxis vom operativen Management realisiert werden

---

[17] Zolnowski und Böhmann (2010), S. 32.
[18] Vgl. Osterwalder und Pigneur (2011), S. 28 f.

können. Dazu müssen seitens des strategischen Managements „[…] Entscheidungen getroffen werden, welche die Zukunft und Ziele des Produktes oder der
Dienstleistung bestimmen"[19] und deren Tragweite weit über das kurzfristige Ta-
gesgeschäft hinausgeht.

Der wesentliche Inhalt des Elements *Strategie* bei der Etablierung von Geschäftsmodellen ist, dass diese Modelle langfristige Wettbewerbsvorteile auch und
gerade unter der Maßgabe eines komplexen Marktgeschehens ermöglichen und
so unter dem Strich die Zukunftsfähigkeit ihrer jeweiligen Organisation sichern.
Mithin besteht die Aufgabe des strategischen Managements bzw. des Strategie-
elements des iOcTen primär in der Schaffung und Weiterentwicklung nachhaltiger
Erfolgspotenziale. Dies geschieht mittels eines Sets an Strategien und Vorgehens-
weisen, die direkt auf die Marktposition als externe sowie die Ressourcenbasis als
interne Größe des Geschäftsmodells wirken. In der Konsequenz schafft damit das
strategische Management den langfristigen Orientierungsrahmen für die inhaltli-
che Ausgestaltung der übrigen sieben operativen Kernelemente. Ergo richtet das
Element *Strategie* gemeinsam mit dem *Normativen Rahmen* sowohl das Unternehmen als auch jedes Geschäftsmodell strategisch aus.[20]

Kunde

Wer bezahlt die erbrachte Leistung? – Auf diese simple Frage folgt in aller Regel
die ebenso entwaffnend einfache Antwort: der Kunde! Wer möchte ernsthaft be-
streiten, dass ohne zahlungsbereite Kunden selbst das in der Theorie beste Geschäftsmodell völlig wertlos ist? Infolgedessen fällt dem Modellelement *Kunde*
eine hohe Relevanz für das Integrierte Geschäftsmodell iOcTen zu. Die Rolle des
Kunden ist für den Erfolg von Unternehmen und deren Geschäftsmodelle derart
existenziell, dass in der Fachliteratur der Kundenaspekt vielfach sogar als das
Zentralelement eines Geschäftsmodells interpretiert wird. So stellen beispielsweise Osterwalder und Pigneur sinngemäß fest, dass sich ein Geschäftsmodell ohne
profitable Kunden im Markt nicht lange behaupten kann und folgerichtig als das
Herz eines jeden Geschäftsmodells gelten könne.[21] Obgleich auch im iOcTen dem
Kunden eine herausragende Bedeutung zufällt, steht im Mittelpunkt des iOcTen
jedoch stets der Nutzen, den Kunden und Partner aus dem Geschäftsmodell für sich
ableiten können.

Im Zentrum des Geschäftsmodellelements *Kunde* steht die Beschäftigung mit
den Bedürfnissen und Anforderungen derjenigen Akteure, die ein Unternehmen

---

[19] Zolnowski und Böhmann (2010), S. 33.

[20] Vgl. Bergmann und Bungert (2011), S. 25.

[21] Vgl. Osterwalder und Pigneur (2011), S. 24.

mit seinen Produkten und Dienstleistungen erreichen möchte. Bei der Entwicklung neuer Geschäftskonzepte und der Weiterentwicklung bestehender Geschäftsmodelle ist es für deren Erfolg von elementarem Stellenwert, die jeweiligen Kunden und Partner so genau wie möglich zu kennen und ihre Wünsche, Ideen, Spezifikationen usw. in das Geschäftsmodell maßgeblich einfließen zu lassen. Je umfassender die Bedürfnisse der Kunden als primärer Zielgruppe eines Geschäftsmodells bekannt sind und tatsächlich getroffen werden, desto erfolgreicher werden sich diese Modelle zweifelsohne im Markt behaupten.

Es gibt nicht den einen Kunden. Vielmehr handelt es sich für gewöhnlich um mitunter höchst unterschiedliche Individuen bzw. Organisationen, die praktisch nicht einzeln angesprochen und bedient werden können. Daher werden diese Kunden sachlich voneinander abgegrenzten Segmenten zugeordnet, die die Gesamtheit aller Kunden kriterienbasiert ordnen und strukturieren. Diese *Kundensegmente* ermöglichen es der Unternehmensführung, „[...] eine bewusste Entscheidung darüber zu fällen, welche Segmente sie bedienen und welche sie ignorieren will. Wenn diese Entscheidung einmal getroffen ist, kann ein Geschäftsmodell auf der Grundlage eines tiefen Verständnisses spezieller Kundenwünsche sorgfältig gestaltet werden."[22]

Auf Basis der Ergebnisse der Kundensegmentierung erfolgt die Analyse und Gestaltung der *Kundenbeziehung*, die ein Unternehmen oder Geschäftsmodell zu relevanten Kundengruppen entwickelt und unterhält. Ein Geschäftsmodell kann nur dann im Wettbewerb bestehen, wenn zahlungsbereite Kunden für Produkte oder Dienstleistungen dieses Modells gefunden und möglichst langfristig an das Unternehmen gebunden werden können. Folglich fällt der Pflege der Kundenbeziehung eine Schlüsselrolle zu, die jedoch nicht zum Nulltarif zu erhalten ist. „All customer interactions between a firm and its clients affect the strength of the relationship a company builds with its customers. But as interactions come at a given cost, firms must carefully define what kind of relationship they want to establish with what kind of customer."[23] Angesichts dieser Kostenproblematik zählt zu den wesentlichen Aufgabenstellungen die Auswahl und Gestaltung der Kundenbindungsform. So ist bereits im Zuge der Geschäftsmodellentwicklung zu entscheiden, ob Kunden das Leistungsportfolio in Form persönlicher Unterstützung, individueller Dienstleistung, als Selbstbedienungsvariante, automatischer Bereitstellung via Internet usw. dargeboten werden soll.

[22] Osterwalder und Pigneur (2011), S. 24.

[23] Osterwalder (2004), S. 71.

Markt

Mittels des Geschäftsmodellelements *Markt* werden zunächst die beiden Aspekte Marktstruktur und Wettbewerb einer eingehenden Betrachtung unterzogen. Die aus dieser Analyse gewonnenen Erkenntnisse fließen anschließend zusammen mit den Daten anderer Module des iOcTen in die Ableitung situationsgerechter Produkt-Markt-Kombinationen ein und helfen darüber hinaus bei der Ausgestaltung geeigneter Interaktionskanäle zwischen Unternehmen und deren Kunden.

Eine detaillierte Kenntnis wesentlicher Marktcharakteristika inklusive einer genauen Vorstellung der Struktur des Geschäftsmodellumfelds ist essentiell für die Fähigkeit, sich bietende Marktchancen zu erkennen und diese möglichst verzugslos in die Entwicklung eigener Geschäftsmodelle integrieren zu können. Auch repräsentieren die Bedürfnisse und Anforderungen der unterschiedlichen Anspruchsgruppen in Bezug auf Produkt- und Dienstleistungseigenschaften wesentliche Einflussparameter bei der Geschäftsmodellgestaltung.

Während die *Marktstruktur* hauptsächlich das Umfeld eines Geschäftsmodells fokussiert, befasst sich der Untersuchungsgegenstand *Wettbewerb* schwerpunktmäßig mit den Akteuren, die vorwiegend antagonistisch auf ihren jeweiligen Märkten agieren. Aus dieser Gegensätzlichkeit rührt die Notwendigkeit her, „[...] taktische Manöver von Wettbewerbern reaktiv zu erfassen und entsprechende Gegenmaßnahmen einzuleiten"[24], um so das ökonomische Überleben des eigenen Geschäftsmodells zu sichern.

Aus der Analyse relevanter Marktinformationen leiten sich direkt die Einflussgrößen des Marktes für die Gestaltung eines Geschäftsmodells ab. Typischerweise erfolgt die *Marktanalyse* in drei Phasen:

1. Prüfung, ob ausreichender Zugriff auf alle für die Umsetzung des Geschäftsmodells notwendigen Ressourcen in adäquater Quantität und Qualität besteht (Beschaffungsmarktstruktur).
2. Verknüpfung der zuvor in der Modellkomponente *Kunde* bereits eruierten Kundenstruktur mit den Ergebnissen der Analyse des Wettbewerbsumfelds (Absatzmarktstruktur).
3. Antizipation von mit der Einführung eines Geschäftsmodells potenziell verbundenen rechtlichen Risiken wie z. B. Schutzrechteverletzung, Haftung, Auflagen (Rechtsrahmen).[25]

---

[24] Wirtz (2011), S. 138.
[25] Vgl. Wirtz (2011), S. 139 f.

Erlös

In Wirtschaftssystemen marktwirtschaftlicher Prägung streben Unternehmen auf Dauer immer nach einer hohen Gewinnerzielung im Verhältnis zum eingesetzten Kapital, also nach einer möglichst maximalen Eigen- und Fremdkapitalrentabilität. Dieses nach Gutenberg als *erwerbswirtschaftliches Prinzip* bezeichnete Phänomen findet mittels des Kernelements *Erlös* Einzug in das Integrierte Geschäftsmodell.[26]

Ein Geschäftsmodell kann – einmal abgesehen von speziellen Sondersituationen, bei denen auch verlustreiche Geschäftsmodelle aus Imagegründen oder ähnlichen Erwägungen heraus „künstlich" aufrechterhalten werden – nur dann zum langfristigen Erfolg eines Unternehmens beitragen, wenn es dem Gutenberg'schen Prinzip entsprechend einen angemessenen Gewinnbeitrag generiert. Aber wie schafft ein Unternehmen in der Praxis aus einem Geschäftsmodell den notwendigen Erlös? Um diese zentrale Frage der Geschäftsmodellentwicklung beantworten zu können, enthält das *Erlöselement* im iOcTen „[…] eine Beschreibung, aus welchen Quellen und auf welche Weise das Unternehmen sein Einkommen erwirtschaftet"[27] und gewährt demzufolge einen detaillierten Einblick in die dem Geschäftsmodell zugrunde liegenden Erlösmechanismen.

Prinzipiell können Erlöse aus *einmaligen, transaktionsabhängigen Zahlungen* oder aus von der direkten Nutzung abgekoppelten *wiederkehrenden Zahlungen* für Nutzungsbereitstellung, Service, Grundgebühren usw. resultieren. Zu den häufigsten Erlösquellen zählen der direkte Verkauf von Produkten und Dienstleistungen, die Gewährung von Rechten (Lizenzen), die Erhebung von Gebühren, die Vermietung und der Verleih von Wirtschaftsgütern sowie die Unterstützung von Werbemaßnahmen.

Sind die in Bezug auf das Geschäftskonzept bzw. Geschäftsmodell geeigneten Erlösquellen identifiziert, so wird in einem Folgeschritt die ganzheitliche *Erlösmechanik*[28] des Geschäftsmodells erarbeitet. Dabei verknüpft die Erlösmechanik die relevante Auswahl von Erlösquellen mit Methoden der Preisgestaltung auf Basis situationsabhängig geeigneter *Preismodelle*. Die Preisfindung erfolgt jeweils über einen *Preisbildungsmechanismus* dergestalt, dass je Produkt oder Dienstleistung ein individueller Preis in Abhängigkeit von Größen wie den Kosten, Rentabilitätserwartungen, vorgegebenen Markt- und Strategieparametern usw. festgesetzt wird. Dabei beschränkt sich die gestalterische Aufgabe der Entscheider nicht allein auf die Festlegung der reinen Staffelung und absoluten Höhe der Preise. Vielmehr gilt

---

[26] Vgl. Gutenberg (1990), S. 43.

[27] Stähler (2002), S. 47.

[28] Im Schrifttum findet statt Erlösmechanik häufiger der Terminus Ertragsmechanik Anwendung.

Tab. 3.3 Kategorisierung Geschäftsmodell-Befähiger (Auswahl). (Quelle: Eigene Recherchen)

Menschlich	Physisch	Intellektuell	Finanziell
Führungskräfte	Grundstücke	Fähigkeiten	Finanzmittel
Mitarbeiter	Gebäude	Wissen/Know-how	Bürgschaften
Führungsprozesse	Maschinen	F&E	Kreditrahmen
Vertrauen	Werkzeuge	Patente/Rechte	…
…	Transportanalgen	Copyrights	
	Fahrzeuge	Marken	
	Läger	Image	
	Technologie	Informationen	
	Infrastruktur	Daten	
	Systeme/Netze	Qualitätsmanagement	
	…	…	

es darüber hinaus auch zu entscheiden, ob die Produkte und Dienstleistungen eines Geschäftsmodells mittels fester, variabler oder kombinierter Preise auf dem Markt platziert werden sollen.

Befähiger (Enabler)

Das Element *Befähiger*, in der Fachliteratur vielfach auch als *Enabler* bezeichnet, fasst alle wesentlichen Inputfaktoren oder Ressourcen zusammen, die samt und sonders erst die Realisierung von Geschäftsmodellen ermöglichen. Demgemäß handelt es „[…] sich hierbei um Elemente, die dem Unternehmen überhaupt erst die Möglichkeit geben, ein Produkt oder eine Dienstleistung anzubieten"[29] und infolgedessen die Grundlagen dafür schaffen, die Zielmärkte der jeweiligen Geschäftsmodelle zu bedienen. Nach Osterwalder und Pigneur können diese aus dem Blickwinkel der Unternehmen sowohl aus internen als auch externen Faktoren bestehenden Enabler menschlicher, physischer, intellektueller oder auch finanzieller Natur sein.[30] Zur leichteren Orientierung und besseren Übersicht kategorisiert Tab. 3.3 eine Auswahl wichtiger, repräsentativer Ausprägungen des Geschäftsmodellobjekts *Befähiger*.

Im Fokus des Managementinteresses sollten stets diejenigen Befähiger stehen, die vom Wettbewerb nur schwer oder gar nicht nachzuahmen sind. Beispiele für derart wertvolle Enabler sind außergewöhnliches Know-how, spezifisches Prozesswissen, langlaufende Patente, Unternehmensimage und eine starke Marke. Bei verstärkter Integration gerade dieser bedeutsamen, nicht einfach imitierbaren

---

[29] Zolnowski und Böhmann (2010), S. 32.
[30] Vgl. Osterwalder und Pigneur (2011), S. 38.

Ressourcen in ein Geschäftsmodell kann ein erheblicher, nachhaltiger Wettbewerbsvorteil entstehen. Folglich sollte das Management Geschäftsmodelle so gestalten, dass darin möglichst viele nicht oder nur eingeschränkt imitierbare Aspekte enthalten sind.[31]

Prozesse
Mit Hilfe des Elements *Prozesse* werden all jene Aktivitäten im Integrierten Geschäftsmodell analysiert, optimiert und dokumentiert, die direkt oder indirekt der betrieblichen Leistungserstellung dienen und demzufolge Werte schaffen. Mit anderen Worten erfolgt kraft dieses Kernelements die detaillierte Untersuchung und Beschreibung derjenigen Prozesse und Aktivitäten, die ein Geschäftsmodell gleichsam erst zum Leben erwecken und die Voraussetzung dafür schaffen, dem erwerbswirtschaftlichen Prinzip folgend Gewinne zu erwirtschaften.

Die *Betriebsprozesse*, die das Geschäftsmodell determinieren, müssen stets so designt sein, dass ihr Output den Anforderungen von Kunden und Geschäftspartnern bestmöglich entspricht.

Partner
Unter dem Eindruck einflussreicher Trends wie z. B. der voranschreitenden Globalisierung, des verschärften Wettbewerbs, einer verstärkten Individualisierung, des demografischen Wandels sowie des technischen Fortschritts sind Unternehmen gefordert, auf diese Entwicklungen adäquat durch den Aufbau zukunftsorientierter Kompetenzen, die sie bis dato häufig nicht im geforderten Umfang besitzen, zu reagieren. Unter anderem bieten sich hier Kooperationen an, die Unternehmen die Möglichkeit eröffnen, den durch das verfügbare eigene Know-how und die beschränkten Ressourcen vorgegebenen, engen Handlungsspielraum mitunter deutlich zu erweitern.

Das Kernelement *Partner* dient im Integrierten Geschäftsmodell der Schaffung von Kundennutzen über Formen freiwilliger Zusammenarbeit von Lieferanten und Partnern innerhalb einer Netzwerkstruktur. Gerade im Falle komplexer Produkte und Dienstleistungen tragen partnerschaftliche Kooperationen zur Erweiterung des Angebots und somit zur nachhaltigen Verbesserung von Geschäftsmodellen bei. Vielfach sind Formen kollektiver Leistungserstellung für die operative Funktionsfähigkeit eines Geschäfts geradezu von essentieller Bedeutung. Durch die Aufteilung der Wertschöpfung auf die Mitglieder eines Netzwerks werden die bei isolierter Betrachtung beschränkten Möglichkeiten der teilnehmenden Einzelorganisationen beträchtlich erweitert. Darüber hinaus mindern Partnerschaften die mit

[31] Vgl. Wirtz (2011), S. 130.

einem Geschäftsmodell mitunter verbundenen Risiken anteilig, tragen zur optimalen Nutzung von Mengenvorteilen in der Beschaffung bei und weiten die verfügbare Ressourcenbasis für jedes Netzwerkmitglied erheblich aus.

Ein wesentlicher Nutzen des Elements *Partner* im iOcTen verbirgt sich in der Möglichkeit, systematisch zu eruieren, welchen quantitativen und qualitativen Anteil die Netzwerkpartner an der gesamten Wertschöpfung und damit am Geschäftsmodell de facto haben. Zusammen mit den Erkenntnissen des *Prozesselements* – zu dem starke Wechselwirkungen bestehen – erhält das Management über die Analyse von Leistungs- und Datenströmen somit eine Vorstellung davon, wie die Partner ihren individuellen Geschäftsmodellbeitrag praktisch beisteuern und welchen Wert dieser tatsächlich hat. Es sei erwähnt, dass dem Gesichtspunkt eines fairen Interessenausgleichs zwischen den Partnern insbesondere im Kontext der Kapitalrentabilität eine besondere Relevanz zufällt. So hängt der Erfolg von Partnerschaften in erheblichem Maß davon ab, wie die Erlöse eines Geschäftsmodells unter den Teilnehmern des Netzwerks aufgeteilt werden. Soll ein Partnernetzwerk auf Dauer funktionieren, so muss ein Modus Vivendi gefunden werden, der jedem Partner einen seinem individuellen Wertschöpfungsbeitrag angemessenen Erlösbeitrag sicherstellt und folglich zu dessen Kapitalrentabilität positiv beiträgt. Dazu sind geeignete Prozeduren und Regelwerke zu entwerfen und zu vereinbaren, die eine „[…] Erschließung von Synergien und Effizienzvorteilen sowie die Bewertung und Verrechnung dieser Nutzenstiftung bis hin zur Definition von Zahlungsverpflichtungen zwischen den Wertschöpfungspartnern"[32] ermöglichen.

Obendrein erlaubt die Arbeit in kollektiven Netzwerkstrukturen die postulierte „Reduktion der Komplexität durch Beschränkung der eigenen Aktivitäten auf Kernkompetenzen […], die einen überdurchschnittlichen Nutzen gegenüber Anspruchsgruppen bieten und eine Entwicklung von strategischen Erfolgspositionen im Wettbewerb versprechen."[33] An dieser Stelle sei jedoch aus Gründen der Vollständigkeit darauf hingewiesen, dass Geschäftsmodelle nur in den Fällen von Kunden angenommen werden, bei denen „[…] die Komplexität des Netzwerks nicht auf die Beziehung zum Auftraggeber ausstrahlt. Der Kunde will Komplexitätsreduktion, was durch den gemeinsamen Außenauftritt und eindeutig geregelte Kundenschnittstellen garantiert werden muss."[34]

Unbenommen der genannten mannigfaltigen Vorteile partnerschaftlicher Wertschöpfung dürfen die Augen andererseits jedoch nicht vor den potenziellen Nachteilen netzwerkbasierter Geschäftsmodelle verschlossen werden. „Mit der partner-

---

[32] Bach et al. (2003), S. 12.

[33] Bleicher (2003), S. 149.

[34] Bach (2003), S. 342.

schaftlichen Kooperation – gleich welcher Art – wachsen nicht nur der Aktions-
radius und die strategische Flexibilität und Schlagkraft der beteiligten Unternehmungen, sondern auch die Probleme, die sich ihrem Management stellen. Galten
bislang in der eigenen Unternehmung die Direktionsrechte der Leitung, so ver-
lagern sich nunmehr die Probleme auf das Finden eines Konsenses unter markt-
wirtschaftlich verbundenen Partnern, die sich unter unterschiedlichen Bedingungen und Situationen zusammenfinden."[35] Deshalb ist bei der Modellentwicklung
auf Aspekte wie die Ausgestaltung der interorganisationalen Zusammenarbeit, die
Steuerung kritischer Schnittstellen zwischen den Wertschöpfungspartnern sowie
einen fairen und angemessenen Interessenausgleich unter den Partnern ein besonderes Augenmerk zu legen.

Finanzen
Das Element *Finanzen* vereint die beiden Aspekte Finanzierung und Kosten bzw.
Kostenstruktur eines Geschäftsmodells. Dazu bildet es einerseits die Art und Weise
der Finanzierung des Geschäftsmodells ab und analysiert andererseits dessen Kostenstruktur. Bei der an dieser Stelle vorzunehmenden Betrachtung relevanter, mo-
netärer Parameter eines Geschäftsmodells werden – zur Vermeidung denkbarer
Unterfinanzierungssituationen sowie überhandnehmender Kosten – stets sowohl
normative als auch strategische Einflussgrößen berücksichtigt. Ferner besteht eine
enge sachliche Verbindung zwischen den beiden Aspekten *Finanzen* und *Erlös(e)*
dergestalt, dass sich aus der Relation von Erlösen auf der einen und Kosten auf der
anderen Seite die Marge eines Geschäftsmodells direkt ableiten lässt.
    Wie bereits erwähnt setzt sich die Finanzkomponente aus den beiden Perspekti-
ven Finanzierung und Kostenstruktur zusammen. Gegenstand des Bausteins *Finanzierung* sind zum einen die Betrachtung und Festlegung der absoluten finanziellen
Ausstattung eines Geschäftsmodells und zum anderen die Planung der möglichen
Refinanzierung bzw. Kapitalbeschaffung. Darüber hinaus beinhaltet die Finan-
zierungsperspektive zusätzlich eine Überprüfung und Bewertung des finanziellen
Erfolgs eines Geschäftsmodells auf Basis ermittelter Finanzdaten zurückliegender
Perioden. Weiterhin werden mittels dieser Daten Prognosen zum Finanzierungs-
und Liquiditätsbedarf getätigt. In toto resultiert aus dem Teil Finanzierung eine
kurz-, mittel- und langfristige Finanzplanung je Geschäftsmodell.[36]
    Die *Kostenstruktur* eines Geschäftsmodells gibt Aufschluss darüber, welche
Kosten in welcher Höhe durch welche Aktivitäten während der Wertschöpfung
entstehen. Mittels des Instruments der *Kostenstrukturanalyse* erfolgt die Bewer-

---

[35] Bleicher (2003), S. 148.
[36] Vgl. Wirtz (2011), S. 153.

tung der Wirtschaftlichkeit von Geschäftsmodellen mit Hilfe von Kosten-Mengen-Funktionen. So werden jeder Aktivität, die der Realisierung bzw. Durchführung des Geschäftsmodells dient, in einem initialen Schritt die anfallenden Kosten direkt zugeordnet. Dies geschieht sowohl bei bereits existierenden Geschäftsmodellen in Form der Analyse vorhandener Vergangenheitsdaten als auch im Falle geplanter Geschäftskonzepte per Extrapolation geeigneter Benchmarks. Im zweiten Schritt werden die zuvor ermittelten Kostengrößen mittels geeigneter Vergleiche auf ihre Kosteneffizienz hin untersucht. Schließlich wird jedes Geschäftsmodell auf Basis der Erkenntnisse dieses zweiten Analyseschritts auf relevante Kostentreiber analysiert. Aus den Ergebnissen der Kostenstrukturanalyse lassen sich je Geschäftsmodell unter anderem mögliche Einsparpotenziale identifizieren und konkrete Maßnahmen zur Kostenreduktion ermitteln. Sollte die Analyse zum Ergebnis nicht akzeptabler Kosten gelangen, kann bereits in der Planungsphase des Geschäftsmodells, noch vor dem tatsächlichen Abfluss von Liquidität, die Entwicklung von Produkten und Dienstleistungen angepasst oder gar eingestellt werden.

Drei Stadien der Geschäftsmodellentwicklung

4

Die drei Stadien der *Geschäftsmodellentwicklung* repräsentieren das dynamische Element des Integrierten Geschäftsmodells iOcTen. Diesen Stadien bzw. den ihnen untergeordneten Phasen Ideenfindung, Analyse, Konzeption, Implementierung und Verbesserung werden im Sinne einer ganzheitlichen Architektur die zuvor in Abschn. 3.5 eingeführten zehn Elemente des Geschäftsmodellkerns systematisch zugeordnet.

Mit Hilfe der zehn Elemente des Modellkerns kann das Management bereits frühzeitig einen strukturierten Design- und Auswahlprozess potenzieller Geschäftsmodelle evozieren. Dank der systematischen und lückenlosen Zuordnung aller betriebswirtschaftlichen Inhalte zu den Entwicklungsphasen wird beim Design von Geschäftsmodellen die Gefahr, wesentliche Inhalte zu vergessen oder scheinbar nebensächliche Aspekte leichtsinnig zu ignorieren, auf ein Minimum reduziert. Auch entfällt bei konsequenter Berücksichtigung des umfassenden Kriteriensets aller zehn Elemente die Notwendigkeit, den Prozess der *Geschäftskonzeptentwicklung* stets bis zum Ende durchlaufen zu müssen, „[...] da gerade durch das strukturierte Vorgehen mögliche Schwächen und die Misserfolgswahrscheinlichkeit aufgezeigt werden können. In diesem Fall sollte der Entrepreneur entsprechende Exit-Strategien in Betracht ziehen, sofern die entscheidenden Schwächen bei der Business Model-Idee im Rahmen des Prozesses nicht eliminiert werden können."[1] Am Rande sei hier erwähnt, dass dieser strukturierte Design- und Auswahlprozess eine der maßgeblichen Stärken des Integrierten Geschäftsmodells iOcTen ist.

Bezüglich der Entwicklung von Geschäftsmodellen können gemeinhin zwei wesentliche Anwendungsfälle unterschieden werden. Einerseits erfolgt die

---

[1] Wirtz (2011), S. 233.

© Springer Fachmedien Wiesbaden 2014
O. D. Doleski, *Integriertes Geschäftsmodell,* essentials,
DOI 10.1007/978-3-658-07094-6_4

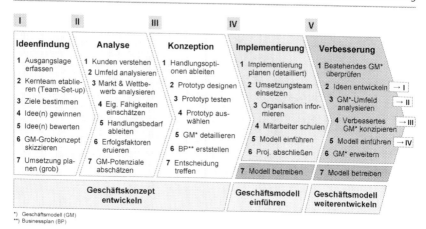

Abb. 4.1 Entwicklungspfad im Integrierten Geschäftsmodell iOcTen

Modellierung von Geschäftsmodellen im Kontext der Umsetzung völlig neuer Geschäftsideen oder der Entwicklung eines zumindest aus Unternehmenssicht neuen Geschäfts. Andererseits wird der Designprozess alternativ als Evolution eines bereits vorhandenen, etablierten Geschäfts umgesetzt. Wie Abb. 4.1 schematisch zeigt, umfasst der erstgenannte Fall die beiden Entwicklungsstadien *Geschäftskonzeptentwicklung* und *Geschäftsmodelleinführung*, wohingegen im zweiten Fall die Weiterentwicklung bereits existierender Modelle betrachtet wird.

Angesichts der hier getroffenen Unterscheidung zwischen einem noch nicht umgesetzten, neuen und einem etablierten Geschäftsmodell wird nachfolgend die im Definitionsteil dieses Beitrags eingeführte begriffliche Differenzierung zwischen Geschäftskonzept und Geschäftsmodell wieder aufgegriffen. Da der folgende Abschn. 4.1 die Modellierung noch nicht umgesetzter Geschäftsmodelle erläutert, findet dort folgerichtig der Begriff Geschäftskonzept Anwendung. Dagegen wird im anschließenden Abschn. 4.2 die mit der Modellierung eng verbundene Einführung dieses Konzepts in die unternehmerische Praxis skizziert und dementsprechend der Terminus Geschäftsmodell verwendet. Gegenstand von Abschn. 4.3 ist schließlich die Weiterentwicklung bereits existenter Geschäftsmodelle.

4.1 Geschäftskonzept entwickeln

Im ersten Stadium der Geschäftsmodellentwicklung erfolgt der *Entwurf des Geschäftskonzepts*. Dieser Abschnitt des *Entwicklungspfades* von Geschäftsmodellen kann seinerseits in insgesamt drei Phasen unterteilt werden: Ideenfindung, Analyse und Konzeption. Diese Phasen samt ihren jeweiligen Aktivitäten werden in der Praxis allerdings kaum derart streng sequenziell absolviert, wie es ihre Reihung zunächst suggeriert. Zahlreiche Aktivitäten der Analyse- und Konzeptionsphase werden aus Praktikabilitätsgründen heraus tatsächlich parallel bearbeitet.

Phase I: Ideenfindung
Die Ideenfindungsphase beginnt insbesondere im Falle etablierter Unternehmen in der Regel mit der *Erfassung der Ausgangslage*, d. h. der Feststellung des allgemeinen Status quo des Unternehmens inklusive des Abgleichs von Ziel und Zielerreichung, dem Verstehen des Branchenkontextes sowie der Erfassung relevanter Rahmenbedingungen. Noch während dieser sehr frühen Projektphase erfolgt die initiative *Etablierung des Kernteams* (Team-Set-up).

Am Anfang der eigentlichen Entwicklung eines Geschäftskonzepts stehen eine zumeist vage Vorstellung von der insgesamt verfolgten *Zielsetzung* sowie eine *Idee* – genauer eine Geschäftsidee – oder die Suche nach ihr.[2] Einmal abgesehen von hin und wieder zufällig entstehenden Geschäftsideen erfolgt ihre Findung im Regelfall mittels systematischer Anwendung von Kreativitätstechniken. Vor allem bei der Suche nach visionären Geschäftsideen liegt der besondere Reiz in der Notwendigkeit, heute etwas zu erkennen, „[…] was sonst bislang niemand entdeckt hat. Die Herausforderung besteht demnach darin, die Märkte der Zukunft zu beschreiben."[3] Selbstverständlich müssen Geschäftsideen nicht zwangsläufig eine bahnbrechende Neuerung darstellen, um ein Geschäftsmodell zu begründen. Auch substanzielle Verbesserungen oder innovative Adaptionen bereits existierender Geschäfte können Auslöser und Grundlage für Geschäftsmodelle sein.

Häufig resultieren aus dem Einsatz von Kreativitätstechniken – zu den bekanntesten Methoden zählen Brainstorming, Mind Mapping, Methode 635, Bionik und Morphologischer Kasten – mehrere Vorschläge für potenzielle Geschäftsideen. Fraglos können aus Wirtschaftlichkeitserwägungen heraus nicht alle entstandenen Ideen eingehend betrachtet werden. Daher erfolgt nach der Ideengenerierung zunächst eine erste *Prüfung* aller zu diesem Zeitpunkt gefundenen, vorläufigen Ideen. Diese Vorprüfung geschieht im Integrierten Geschäftsmodell iOcTen anhand eines zweistufigen Vorgehens, bei dem zunächst mittels des Modellbausteins *Entscheidungsraum* und des Kernelements *Normativer Rahmen* die prinzipielle Umsetzbarkeit und Sinnhaftigkeit der Idee – zu diesem frühen Stadium verkürzt – sondiert wird. Anschließend werden in Anbetracht der herausragenden Rolle des Nutzens bzw. Wertversprechens für den späteren Erfolg eines Geschäftsmodells die Ideen

---

[2] Im Integrierten Geschäftsmodell ist dieser Aspekt durch die Komponente „Idee" repräsentiert.

[3] Wolf und Hänchen (2012), S. 52.

zusätzlich auf ihre Nützlichkeit für Kunden und Geschäftspartner hin untersucht (Kernelement *Nutzen*).

Zum Abschluss der Ideenfindung wird unter vorrangiger Nutzung der Elemente *Normativer Rahmen*, *Nutzen* und *Strategie* ein provisorisches *Grobkonzept* des intendierten Geschäfts entworfen und angesichts des frühen Bearbeitungsstands die weitere *Vorgehensweise* zur Entwicklung des Geschäftskonzepts *grob geplant*.

Phase II: Analyse

Nachdem im Rahmen der vorangehenden ersten Phase die Idee bereits einer ersten Prüfung unterzogen und das vorläufige Grobkonzept skizziert wurde, erfolgt in der Analysephase die eingehende Untersuchung derjenigen Aspekte, die konstitutiv für die Realisierung der Geschäftsidee sind. Die Herausforderung dieser zweiten Phase „[...] besteht darin, ein eingehendes Verständnis des Kontexts zu entwickeln, in dem sich das Geschäftsmodell entwickeln wird."[4]

Zu Beginn der Analysephase gilt es zunächst, die Belange und Interessen der potenziellen *Kunden* oder *Geschäftspartner zu verstehen* und entsprechende Ableitungen daraus zu ziehen (Kernelement *Kunde*). Weiterhin sind die bislang noch vorläufigen Annahmen zum Nutzen aus der Ideenfindungsphase nunmehr eingehend herauszuarbeiten (Kernelement *Nutzen*).

Bei der anschließenden *Umfeldanalyse* werden die zuvor während der Ideenfindungsphase gewonnenen Ergebnisse des Entscheidungsraums aufgegriffen und detailliert. Die eingehende Analyse relevanter Branchen- und Marktparameter erfolgt schließlich unter Zuhilfenahme des Kernelements *Markt*. Dazu bedient sich die *Marktanalyse* einer Vielzahl professioneller Marktforschungsmethoden sowie Researchquellen wie z. B. Datenbanken, Primär- und Sekundärstudien, Verbände- und Behördeninformationen, um so ein tragfähiges Verständnis der jeweiligen Zielmärkte schaffen zu können.[5]

Soll aus einer Idee ein tragfähiges Geschäftskonzept und später sogar Geschäftsmodell erwachsen, ist es zwingend erforderlich, dass sich Entscheider über die *Fähigkeiten* und *Mittel* ihres eigenen Unternehmens und Netzwerks Klarheit verschaffen (Kernelemente *Befähiger*, *Partner* und *Finanzen*). Ohne die ungeschönte, objektive Einschätzung der eigenen wirtschaftlichen und technischen Möglichkeiten besteht die virulente Gefahr, dass die Umsetzung des Geschäftskonzepts an einer unzureichenden Ressourcenausstattung scheitert.

Auf Basis der Daten aus der Ideenfindungsphase und der Kenntnis eigener Fähigkeiten erfolgen die *Ableitung des Handlungsbedarfs* in einem ersten und die

---

[4] Osterwalder und Pigneur (2011), S. 256.
[5] Vgl. Wolf und Hänchen (2012), S. 53.

Erhebung der kritischen Erfolgsfaktoren des Geschäftsmodells in einem zweiten Schritt.

Basierend auf der Analyse der Aspekte Kunde, Nutzen, Umfeld, Markt und Handlungsbedarfe erfolgt eine erste *Abschätzung des Potenzials* der Geschäftsidee bzw. des späteren Geschäftsmodells. Spätestens zu diesem Zeitpunkt muss das Management die Idee vor dem Hintergrund wirtschaftlicher Erwägungen kritisch hinterfragen (Kernelement *Erlös*). Nicht selten ist dies in der Praxis der Moment, an dem eine neue Geschäftsidee nicht weiter verfolgt wird.

Phase III: Konzeption

Die Konzeptionsphase greift die Ergebnisse der vorgelagerten beiden Phasen Ideenfindung und Analyse auf. Dazu werden in einem ersten Schritt zunächst die verschiedenen, prinzipiell denkbaren *Handlungsoptionen abgeleitet* und anschließend durchleuchtet. Wie in Abschn. 3.4 dargelegt verhalten sich Erfolgsfaktoren dabei komplementär zu Handlungsbedarfen dergestalt, dass sich aus ihrer direkten Inbezugsetzung die denkbaren Handlungsoptionen bestimmen lassen.

Sind diese Optionen für das wirtschaftliche Handeln bekannt sowie die Ergebnisse der Ideenfindungs- und Analysephase aufbereitet, werden auf dieser Basis ein oder mehrere Feinkonzepte entworfen bzw. *Prototypen designt*. Dazu werden die zur Leistungserstellung notwendigen Prozesse konzipiert (Kernelement *Prozesse*) und situativ geeignete Kooperationsformen festgelegt (Kernelement *Partner*).

Die so entwickelten Prototypen sind möglichst unter Markt- oder, sollte ein Test im realen Marktumfeld nicht möglich sein, unter Laborbedingungen eingehend zu *testen*. Diese Tests sind von gravierender Bedeutung, da sie möglicherweise vorhandene Mängel frühzeitig aufzudecken vermögen. Sollten im Rahmen des Prototyping schließlich erhebliche Mängel im Konzept zutage treten, müssen alternative Lösungswege oder im Einzelfall sogar neue Geschäftskonzepte entworfen werden. Demzufolge muss der gesamte Entwicklungsprozess erneut durchlaufen werden.

Das Prototyping endet mit der *Auswahl* der im Gesamtvergleich am besten geeigneten Lösung. Zu diesem Zeitpunkt der Entwicklung eines Geschäftskonzepts steht allerdings noch die eingehende Untersuchung der vier Kernelemente *Befähiger*, *Prozesse*, *Partner* und *Finanzen* aus. Mittels dieser vier Elemente wird nunmehr die Art und Weise der Wertschöpfung des Geschäftskonzepts *en détail konzipiert*. Die Ergebnisse dieser vier Elemente fließen zusammen mit den Daten der übrigen sechs Kernobjekte in die weitere Konzeptionsarbeit ein.

Im Anschluss an das Prototyping wird seitens des Managements endgültig entschieden, welche der zuvor entwickelten Geschäftskonzepte zur Umsetzung gelangen. Dazu wird für „[…] die zuvor konzeptionierten Entwicklungspfade bzw. Prototypen […] jeweils ein Businessplan erstellt. Der Businessplan wird dabei

zur detaillierten Wirtschaftlichkeitsprüfung der einzelnen Geschäftsmodelle ge-
nutzt und kann Detailschwächen aufdecken."[6] Ferner dient der *Businessplan* als
wesentliche Planungsgrundlage für die spätere Umsetzung des Geschäftsmodells.
Er enthält demnach Angaben über die zur Einführung und zum abschließenden
Betrieb des Geschäftsmodells notwendigen personellen, materiellen und zeitlichen
Ressourcen.

Die Erstellung dieser Businesspläne endet mit einem Konsistenzcheck der Ergebnisse aus den zehn Kernelementen, um etwaig noch vorhandene Widersprüche
und logische Inkonsistenzen aufdecken und beheben zu können. Auf Basis der aus-
gearbeiteten Businesspläne wird schlussendlich die *Entscheidung* getroffen, welches der bislang eruierten Geschäftskonzepte bzw. Feinkonzepte in ein Geschäftsmodell überführt und demzufolge umgesetzt werden soll. In diesem abschließenden Schritt der Konzeptionsphase entscheidet demzufolge das Management, ob
das Geschäftskonzept in der geplanten Form umgesetzt, nochmals geändert oder
dessen Umsetzung aufgegeben wird.[7]

4.2 Geschäftsmodell einführen

Nachdem der Entwurf des Geschäftskonzepts vorliegt, folgt im zweiten Stadium
der *Geschäftsmodellentwicklung* die eigentliche Umsetzung in die unternehmerische Praxis. Entsprechend der in Abschn. 2.2 zuvor eingeführten Begriffsunter-
scheidung zwischen einem in der Praxis noch nicht umgesetzten Geschäftskonzept
einerseits und einem in der betrieblichen Wirklichkeit bereits existierenden Geschäftsmodell andererseits wird angesichts der nunmehr erfolgenden Konzeptrea-
lisierung fortan von Geschäftsmodell gesprochen.

Phase IV: Implementierung
Nachdem im Rahmen der Ideenfindung bereits eine grobe Umsetzungsplanung
stattfand und in der Konzeptionsphase Feinkonzepte entworfen wurden, erfolgt
nunmehr die auf diesen Ausgangsdaten beruhende Detaillierung der Planung. Ziel
dieser *Detailplanung* ist es, eine möglichst genaue Vorstellung vom optimalen Ab-
lauf der beabsichtigten Geschäftsmodellumsetzung zu erlangen. Dementsprechend
beinhaltet dieser Abschnitt der Geschäftsmodelleinführung eine präzise Definition
aller erfolgskritischen Aktivitäten des Umsetzungsprojekts einschließlich der Erstellung eines realistischen Projektplans. Jeder Plan besteht aus mehreren aufei-

---

[6] Wirtz (2011), S. 235 f.

[7] Vgl. Doleski (2012), S. 140.

nander abgestimmten Bestandteilen, zu denen mindestens die Planungsmodule
Struktur-, Aktivitäten-, Termin-, Meilenstein- und Ressourcenplanung zählen.[8]

Im Anschluss an die Planung der Implementierung wird das *Umsetzungsteam
zusammengestellt* und offiziell *eingesetzt*. Im Rahmen der Geschäftsmodellentwicklung obliegt diesem Team, im Gegensatz zum bereits in Phase I etablierten
Kernteam, die operative Umsetzung der Implementierung.

Nach erfolgter Detailplanung sind die internen und externen Stakeholder der
Organisation über die anstehende Implementierung des neuen Geschäftsmodells
zu *informieren*. Dazu muss zunächst eine geeignete, zielgruppenspezifische Kom-
munikationsstrategie entworfen werden, die möglichst umfassend die Interessen
der relevanten Anspruchsgruppen bzw. Betroffenen des Projekts berücksichtigt.
Demzufolge richtet sich die Kommunikation im Umfeld der Geschäftsmodelleinführung an Mitarbeiter, Führungskräfte, Eigentümer, Kunden, Netzwerkpartner sowie situationsbedingt auch an ausgewählte Vertreter der unternehmerischen
Umwelt und Öffentlichkeit. Gegenstand der kommunikativen Aktivitäten ist neben
einer allgemeinen Ankündigung des neuen Geschäfts auch „[…] die Kommunikation der Implementierungsziele und des Implementierungsvorgehens. Frühzeitige
Kommunikation kann dabei unterstützend eingesetzt werden, um die Akzeptanz
für das Business Model sowohl bei den eigenen Mitarbeitern, als auch bei in-
volvierten Wertschöpfungspartnern und Kunden, zu erhöhen."[9] Mittels einer gut
strukturierten, sich unterschiedlicher Kanäle bedienender Informationskampagne
wird der häufig gerade unter Mitarbeitern feststellbaren „Angst vor dem Neuen"
begegnet.[10]

Im Vorgriff oder auch parallel zur Modelleinführung wird die flankierende
Durchführung von Maßnahmen der *Mitarbeiterschulung* empfohlen.

Schließlich erfolgt die *Einführung* des neuen *Geschäftsmodells* entsprechend
der zu Beginn dieser Phase erfolgten Detailplanung. Dazu werden die in den Vor-
phasen erarbeiteten Ergebnisse aller Kernelemente des Integrierten Geschäftsmodells aufgegriffen und dessen postuliertem integrativem Anspruch entsprechend
ganzheitlich umgesetzt.

Mit der Realisierung des neuen Geschäfts endet der Prozess der Geschäftsmodelleinführung. Im Rahmen des *Projektabschlusses* wird jedoch idealtypisch noch
vor der *finalen Betriebsübergabe* die Zielerreichung des Projekts kontrolliert und
werden die wesentlichen im Verlauf der Konzeption und Umsetzung des Geschäftsmodells gewonnenen Erkenntnisse in einem Abschlussbericht zusammengefasst.

---

[8] Vgl. Doleski und Janner (2013), S. 115.
[9] Wirtz (2011), S. 259.
[10] Vgl. Osterwalder und Pigneur (2011), S. 261.

Infolgedessen stehen alle wesentlichen Erfahrungen im Sinne von *Lessons Learned* auch nachfolgenden Geschäftsmodellinitiativen unmittelbar zur Verfügung.[11]

4.3 Geschäftsmodell weiterentwickeln

Wie eingangs dieses Beitrags erwähnt, können etablierte Produkte und Dienstleistungen, die mitunter Unternehmen über Jahrzehnte hinweg stabile Erträge mit hohen Margen bescherten, vor dem Hintergrund geänderter Rahmenbedingungen, steigenden Wettbewerbsdrucks, technologischer Entwicklungen usw. verstärkt unter Druck geraten. Das heutige Management kann sich nicht mehr darauf beschränken, sich ausschließlich auf diese Bedingungen reaktiv einzustellen. Vielmehr liegt die Chance häufig in der Kombination aus Rückgriff auf langjährige, tiefgreifende Branchenkenntnisse kombiniert mit innovativen Ideen für das jeweils relevante Geschäftsumfeld der Zukunft. „Das Gestrige ist die Wurzel des Heutigen und dies wiederum entscheidet über das Morgen."[12] Diesen Gedanken konsequent weitergedacht bedeutet, dass das wirtschaftliche Überleben bestehender Geschäftsmodelle – neben der Entwicklung völlig neuer Geschäftskonzepte – auch mittels systematischer Weiterentwicklung gesichert werden kann.

Phase V: Verbesserung
Unternehmen sind aufgefordert, ihr bestehendes *Geschäftsmodell* kontinuierlich zu *überprüfen*. Dabei sind alle Stärken und Schwächen des etablierten Produkt- und Dienstleistungsportfolios vor dem Hintergrund dynamischer Umfeldbedingungen fortlaufend zu beobachten und situationsabhängige Rückschlüsse in Bezug auf die Zukunftsfähigkeit des eigenen Leistungsangebots zu ziehen. Dies geschieht dergestalt, dass – ähnlich wie im Falle der Geschäftskonzeptentwicklung – die Überprüfung anhand der zehn Kernelemente des Integrierten Geschäftsmodells iOcTen erfolgt.[13]
    Sollte die routinemäßige Überprüfung des etablierten Geschäftsmodells ergeben, dass das existente Geschäft nicht mehr den Anforderungen des relevanten Marktes gerecht wird und infolgedessen anzupassen ist, beginnt die *Entwicklung von Ideen* zu seiner evolutorischen Weiterentwicklung bis hin zur radikalen Komplettüberholung. Die praktische Umsetzung der Ideenentwicklung erfolgt in Form einer Rückkopplung zur Phase I „Ideenfindung".

[11] Vgl. Doleski (2012), S. 141.
[12] Bleicher (2011), S. 74.
[13] Vgl. Wirtz (2011), S. 288.

Unternehmerischer Erfolg hängt von unterschiedlichen Faktoren ab. Einer dieser Aspekte ist fraglos die Fähigkeit einer Organisation, sich an geänderte Rahmenbedingungen binnen kurzer Zeit anzupassen, um so das eigene ökonomische Überleben zu sichern. Um jedoch geänderte Bedingungen adaptieren zu können, muss ein Unternehmen im Nachgang zur eingangs erfolgten Überprüfung des Geschäftsmodells zunächst einmal das für die eigene Geschäftstätigkeit relevante *Umfeld* genau *analysieren* und daraus die geeigneten Schlüsse ziehen (Rückkopplung Phase II „Analyse"). Schließlich liefern Modifikationen bis hin zu erheblichen Umwälzungen des unternehmensexternen Umfelds die zentralen Anstöße für die Veränderung etablierter Geschäftsmodelle.

Im Kontext der zuvor generierten Ideen zur Geschäftsmodellinnovation erfolgt nunmehr die *Konzeption eines verbesserten Geschäftsmodells*. Wie zuvor bei der Überprüfung des ursprünglichen Geschäftsmodells geschieht auch die Entwicklung des neuen, tragfähigen Geschäftsmodells unter Zuhilfenahme der zehn Kernelemente des iOcTen. Da dieser Schritt in der Praxis als Rückkopplung zur Phase III „Konzeption" stattfindet, beinhaltet dieser in der Regel den Entwurf und Test mindestens eines Prototyps sowie eine abschließende Entscheidungsphase.

Sofern im Management prinzipiell Einigkeit über die Umsetzung der Geschäftsmodellinnovation besteht, d. h. eine Entscheidung pro Weiterentwicklung oder Komplettüberholung des ursprünglichen Geschäftsmodells getroffen wurde, erfolgt abschließend die *Einführung* mit anschließendem *Betrieb des Geschäftsmodells*.

Ein Sonderfall in der Verbesserungsphase stellt die *Erweiterung des Geschäftsmodells* dar. Darunter ist die Übertragung eines Geschäftsmodells auf neue Märkte und/oder Regionen mit dem Ziel, die Reichweite des existierenden Geschäfts erheblich zu vergrößern, zu verstehen.

Zukunft gestalten – vom Getriebenen zum Treiber

5

Das hier eingeführte Integrierte Geschäftsmodell iOcTen unterstützt Unternehmen bei der Gestaltung ihrer ökonomischen Zukunft in der Art, dass es Entscheidern, Strategen und Organisationsentwicklern ein dienliches Instrumentarium zur praktikablen Umsetzung von Initiativen zur Geschäftsmodellentwicklung an die Hand gibt. Im Kontext der Nutzung des Integrierten Geschäftsmodells iOcTen lassen sich in erster Linie die nachfolgenden signifikanten Vorteile bzw. Nutzen ableiten:

- **Offene Architektur**
  Als universeller Modellansatz ist das Integrierte Geschäftsmodell grundsätzlich integrativ und offen konstruiert. Es engt Anwender nicht von vornherein auf bestimmte Geschäfte oder Ausschnitte der Wertschöpfungskette ein.
- **Interdisziplinarität**
  Bei der Entwicklung des übergreifenden Gesamtmodells sind Erkenntnisse und Einflüsse aus System- und Entscheidungstheorie, Betriebs- und Volkswirtschaftslehre, Ingenieurwissenschaften, Psychologie sowie weiteren Disziplinen eingeflossen.
- **Vollständigkeit**
  Alle Elemente des Modells bilden zusammen die normative, strategische und operative Dimension des Managements vollständig ab. So wird bei der Entwicklung von Geschäftsmodellen die Gefahr, wesentliche Inhalte zu vergessen oder scheinbar nebensächliche Aspekte leichtsinnig zu ignorieren, auf ein Minimum reduziert: Wichtiges geht nicht verloren; scheinbar Nebensächliches wird nicht ignoriert.

© Springer Fachmedien Wiesbaden 2014
O. D. Doleski, *Integriertes Geschäftsmodell*, essentials,
DOI 10.1007/978-3-658-07094-6_5

- **Komplexitätsbeherrschung**
  Das Integrierte Geschäftsmodell ermöglicht die Beherrschung von Komplexität mittels systematischer Berücksichtigung aller Facetten relevanter Rahmenbedingungen und Einflussfaktoren. Komplexität wird in diesem Modell nicht einfach ignoriert, sondern vielmehr in beherrschbare Einzelaspekte überführt.

- **Kommunikationsorientierter Charakter**
  Die modellseitige Berücksichtigung der Erwartungen relevanter Anspruchsgruppen (Stakeholder) verleiht dem integrierten Modellansatz einen kommunikationsorientierten Grundcharakter.

- **Auswahl- und Gatekeeper-Funktion**
  Dank des strukturierten Vorgehens erkennen Entscheider frühzeitig mögliche Schwächen des geplanten Geschäftsmodells. Sie können demnach rechtzeitig entscheiden, ob Änderungen erforderlich und möglich sind oder alternativ ein Abbruch des Projekts die bessere Wahl wäre. So wird dem Risiko der Entstehung nicht-wertschöpfender Kosten bereits während der Entwicklung von Geschäftsmodellen vorgebeugt.

Einer der Schlüssel wirtschaftlichen Erfolgs ist in der optimalen Gestaltung marktgerechter Angebote zu finden. In einer zunehmend komplexer werdenden Umwelt müssen Geschäftsmodelle – um nachhaltig erfolgreich sein zu können – heute mehr denn je umfassend designt und strukturiert eingeführt werden. Dies geschieht idealtypisch mittels standardisierter Methoden zur Geschäftsentwicklung. Angesichts der zahlreichen Vorteile, die mit dem Einsatz des hier vorgestellten Integrierten Geschäftsmodells verbunden sind, wird dem Leser seine Anwendung empfohlen. So unterstützt das iOcTen Unternehmen darin, die ökonomische Initiative zu behalten bzw. – falls notwendig – wieder zurückzugewinnen. Ohne Frage liegt in der systematischen Gestaltung zukunftsträchtiger Geschäftsmodelle die wesentliche Chance für Unternehmen, unabhängig von Branchen und Größen, vom Getriebenen zum Treiber von morgen zu werden.

Was Sie aus diesem Essential mitnehmen können

- Unterstützung bei der Gestaltung ökonomischer Handlungsoptionen infolge der Nutzung des integrativen Geschäftsmodellansatzes
- Skizze eines dienlichen Instrumentariums zur praktikablen Umsetzung von Initiativen zur Geschäftsmodellinnovation
- Strukturierte Anleitung zur systematischen Entwicklung neuer Geschäftsideen auch in komplexen Geschäftsumfeldern
- Mehrstufiges Vorgehen zur Anpassung und Weiterentwicklung bereits existierender Geschäftsmodelle

© Springer Fachmedien Wiesbaden 2014
O. D. Doleski, *Integriertes Geschäftsmodell*, essentials,
DOI 10.1007/978-3-658-07094-6

Literatur

Bach, N.: Vernetzung als strategische Option in der deutschen Leiterplattenindustrie, in: Bach, N., Buchholz, W., Eichler, B. (Hrsg.): Geschäftsmodelle für Wertschöpfungsnetzwerke, Gabler, Wiesbaden, 2003, S. 331–345.

Bach, N., Buchholz, W., Eichler, B.: Geschäftsmodelle für Wertschöpfungsnetzwerke – Begriffliche und konzeptionelle Grundlagen, in: Bach, N., Buchholz, W., Eichler, B. (Hrsg.): Geschäftsmodelle für Wertschöpfungsnetzwerke, Gabler, Wiesbaden, 2003, S. 1–20.

Becker, W. et al.: Geschäftsmodelle im Mittelstand, Bamberger Betriebswirtschaftliche Beiträge Nr. 175, Bamberg, 2011.

Becker, W. et al.: Erfolgsfaktoren der Geschäftsmodelle junger Unternehmen, Bamberger Betriebswirtschaftliche Beiträge Nr. 183, Bamberg, 2012.

Bergmann, R. und Bungert, M.: Strategische Unternehmensführung, 2. Aufl., Springer, Berlin und Heidelberg, 2011.

Bleicher, K.: Integriertes Management von Wertschöpfungsnetzwerken, in: Bach, N., Buchholz, W., Eichler, B. (Hrsg.): Geschäftsmodelle für Wertschöpfungsnetzwerke, Gabler, Wiesbaden, 2003, S. 145–178.

Bleicher, K.: Das Konzept Integriertes Management. Visionen – Missionen – Programme, Campus, Frankfurt am Main, 8. Aufl., 2011.

Bornemann, M.: Die Erfolgswirkung der Geschäftsmodellgestaltung – Eine kontextabhängige Betrachtung, Gabler, Wiesbaden, 2010.

Bühner, V. et al.: Neue Dienstleistungen und Geschäftsmodelle für Smart Distribution und Smart Markets, VDE-Kongress 2012, VDE-Verlag, Berlin und Offenbach, 2012.

Doleski, O.D.: Geschäftsprozesse der liberalisierten Energiewirtschaft, in: Aichele, C.: Smart Energy – Von der reaktiven Kundenverwaltung zum proaktiven Kundenmanagement, Springer Vieweg, Wiesbaden, 2012, S. 115–150.

Doleski, O.D. und Janner, T.: Projektmanagement bei der Ausbringung intelligenter Zähler, in: Aichele, C. und Doleski, O.D. (Hrsg.): Smart Meter Rollout – Praxisleitfaden zur Ausbringung intelligenter Zähler, Springer Vieweg, Wiesbaden, 2013, S. 105–129.

Gutenberg, E.: Einführung in die Betriebswirtschaftslehre, Gabler, Wiesbaden, 1. Aufl., unveränd. Nachdruck, 1990.

Hahn, H. und Prinz, M.: Szenariotechnik als Instrument der Strategieentwicklung, in: Zeitschrift für Energie, Markt, Wettbewerb (emw), Nr. 2, April 2013, S. 46–49.

Kley, F.: Neue Geschäftsmodelle zur Ladeinfrastruktur, Working Paper Sustainability and Innovation No. S 5/2011, Fraunhofer-Institut für System- und Innovationsforschung ISI, Karlsruhe, 2011.

© Springer Fachmedien Wiesbaden 2014   51
O. D. Doleski, *Integriertes Geschäftsmodell*, essentials,
DOI 10.1007/978-3-658-07094-6

Nemeth, A.: Geschäftsmodellinnovation – Theorie und Praxis der erfolgreichen Realisierung von strategischen Innovationen in Großunternehmen, Dissertation, St. Gallen, 2011.

Osterwalder, A.: The Business Model Ontology. A Proposition in a Design Science Approach, Dissertation, Universität Lausanne, 2004.

Osterwalder, A. und Pigneur, Y.: Business Model Generation, Campus, Frankfurt am Main, 2011.

Osterwalder, A. et al.: Clarifying Business Models: Origins, Present, and Future of the Concept, Communications of the Association for Information Systems (CAIS), 15. Jg., Mai 2005, Nachdruck, S. 1–39.

Porter, M.E.: Strategy and the Internet, in: Harvard Business Review, 79, March 2001, S. 62–78.

Rüegg-Stürm, J.: Das neue St. Galler Management-Modell, in: Dubs, R. et al. (Hrsg.): Einführung in die Managementlehre, Bd. 1, Teile A–E, Haupt, Bern, 2004, S. 65–141.

Scheer, Ch. et al.: Geschäftsmodelle und internetbasierte Geschäftsmodelle – Begriffsbestimmung und Teilnehmermodell, ISYM, Paper 12, Dezember 2003.

Stähler, P.: Geschäftsmodelle in der digitalen Ökonomie, Eul, Lohmar und Köln, 2. Aufl., 2002.

Weiner, N. et al.:Geschäftsmodelle im „Internet der Dienste" – Aktueller Stand in Forschung und Praxis, Fraunhofer-Institut für Arbeitswirtschaft und Organisation IAO, Stuttgart, 2010.

Wirtz, B.W.: Business Model Management. Design – Instrumente – Erfolgsfaktoren von Geschäftsmodellen, 2. Aufl., Gabler, Wiesbaden, 2011.

Wolf, T. und Hänchen, S.: Die Entwicklung visionärer Geschäftsmodelle, in: Fachzeitschrift für Information Management und Consulting (IM), Heft 4, 2012, S. 50–56.

Zolnowski, A. und Böhmann, T.: Stand und Perspektiven der Modellierung von Geschäftsmodellen aus Sicht des Dienstleistungsmanagements, in: Thomas, O. und Nüttgens, M. (Hrsg.): Dienstleistungsmodellierung 2010, Springer, Berlin und Heidelberg, 2010, S. 24–38.